이나나

어릴 때부터 그림 그리는 것을 좋아했고, 그림을 통해 다른 사람들에게 즐거움을 선사하는 것을 큰 기쁨으로 여겼다. 이러한 성정은 계명대학교에서 미술사학을 전공하고 박사학위를 받는 계기가 되었으며, 개인전 5회와 『문인화의 연원과 영남문인화』 외 다수 저서로 이어졌다.

교편을 잡으셨던 부모님의 영향으로 사회적 책임과 공동체 삶의 중요성을 실천하며 성장했다. 이러한 가치관은 대학에서 동·서양 미술을 강의하는 데 반영되었으며, 예술의 사회적 역할과 미술을 통한 인문적 소통, "예술로 재생되는 구도심"이라는 자기 철학을 발전시키는 데 도움이 되었다. 도심 속에 방치된 유휴공간을 예술공간으로 변모시키는 다양한 프로젝트를 실천했으며, 특히 도시재생을 통해 소멸 위기에 처한 어촌 마을을 예술로 재생시키는 데 주력했다. 그 결과 쇠퇴해가던 마을이 예술과 도시재생을 통해 새로운 관광지로 회복되는 과정을 직접 이끌었다.

예술가이자 학자로서의 삶을 바탕으로, 도시재생 전문가와 한국관광공사의 관광두레 PD로 활동한 경험을 살려 현재는 농어촌 관광 콘텐츠 전문가로 활동하고 있다. 예술과 사회적 책임을 결합한 혁신적인 접근으로 지역사회의 회복과 발전에 기여하며, 지속 가능한 관광과 문화 콘텐츠 개발에 힘쓰고 있다.

치유인문컬렉션
―
07

다무포하얀마을
고래의 꿈

Collectio Humanitatis pro Sanatione VII

sociētas

미다스북스

치유인문컬렉션 도서 목록

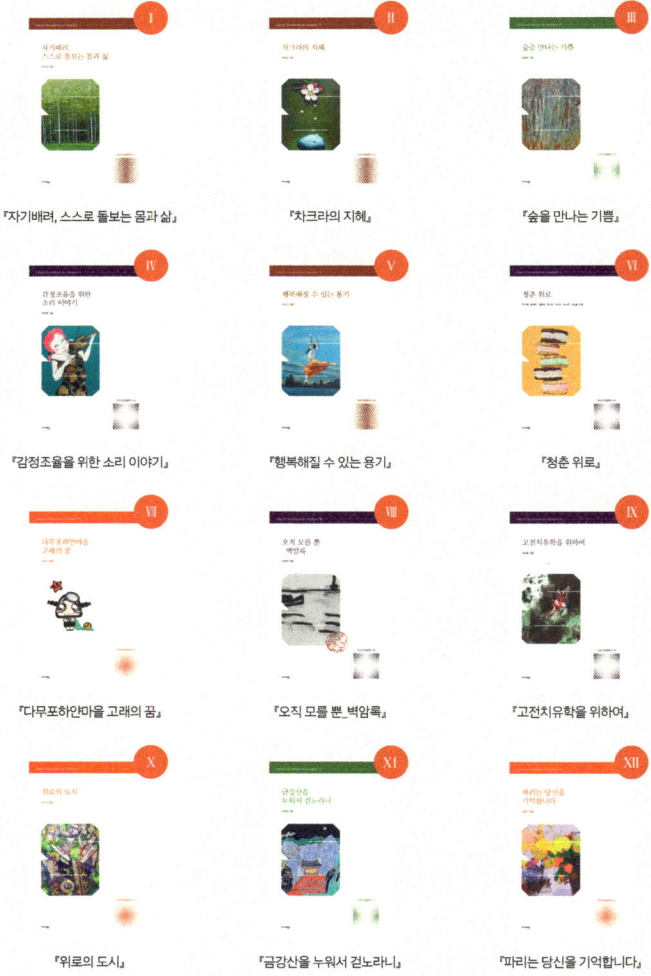

『자기배려, 스스로 돌보는 몸과 삶』

『차크라의 지혜』

『숲을 만나는 기쁨』

『감정조율을 위한 소리 이야기』

『행복해질 수 있는 용기』

『청춘 위로』

『다무포하얀마을 고래의 꿈』

『오직 모를 뿐·벽암록』

『고전치유학을 위하여』

『위로의 도시』

『금강산을 누워서 걷노라니』

『파리는 당신을 기억합니다』

* 콜렉티오 후마니타티스 프로 사나티오네(Collectio Humanitatis pro Sanatione)는 라틴어로 치유인문컬렉션이라는 뜻입니다. 세상의 상처를 치유하기 위해서는 인간이 만들어낸 모든 학문이 동원되어야 한다는 생각에서 출발합니다.

포항의 작은 어촌 마을,
다무포하얀마을의 이야기는 단순한
마을 재생의 이야기가 아닙니다.

이는 사람들의 진정성과 헌신이
어떻게 한마을을 기적적으로 변화시킬 수 있는지를 보여주는
생생한 기록입니다.

오래된 벽돌 담벼락에 흰색 페인트가 칠해지는 순간,
마을은 그 어느 때보다 밝아졌고,
이 변화를 만들어낸 것은 협력과 따뜻한 마음이었습니다.

목차

치유인문컬렉션을 기획하면서 존재와 치유, 그리고 인문 · 009
서문 · 016
시작하면서 · 018

1장 포항의 산토리니, 다무포하얀마을

1. 잊힌 이름, 다무포고래마을 · 025
2. 세상에 그리는 그림 · 029
3. 한번의 도전으로 불기 시작한 생명의 바람 · 034
4. 잊힌 공간에서 재생의 꿈을 이루다 · 038

2장 다무포고래마을, 고래의 꿈

1. 무모한 프로젝트, 아름다운 마을의 시작 · 045
2. 부족한 예산, 각서를 쓰다 · 049
3. 마을의 변화를 이끈 '1800명의 기적' · 054
4. 협력과 기적의 담벼락 페인팅 · 061
5. 사람들의 마음을 하나로 모은 해녀들의 해풍국수 · 064
6. 밥 봉사가 채워 준 사랑과 열정 · 067

3장 풍부한 볼거리의 공간, 다무포하얀마을

1. 다무포고래마을과 이상한 변호사 우영우 신드롬 · 073
2. 인플루언서로 변신한 페인팅 봉사자들 · 077
3. 구멍가게 아이스크림 동나던 날 · 082
4. 라면으로 맺어진 미해병대와의 인연 · 085
5. 오랜 추억을 남길 해녀 체험의 매력 · 089

4장 희망으로 가득한 기적의 다무포하얀마을

1. 함께 만들어가는 희망의 이야기 · 097
2. 칙칙한 담벼락을 새하얗게 만든 학생들의 순수함 · 101
3. 땀 흘린 모두가 고래마을의 명예 주민 · 104
4. 벤치마킹의 중심지로 거듭난 고래마을의 기적 · 109
5. 포항의 산토리니가 그리는 찬란한 미래 · 113

나가면서 · 117

치유인문컬렉션을 기획하면서

존재와 치유, 그리고 인문

존재

"나는 생각한다. 그러므로 존재한다."

어느 이름난 철학자가 제시한 명제다. 생각으로부터 존재하는 이유를 찾는다는 뜻이다. 나름 그럴듯한 말이지만 결국 이 말도 특정한 시기, 특정한 공간에서만 적절한 명제이지 않을까? 물론 지금도 그때의 연장이요, 이곳도 그 장소로부터 그리 멀지 않다는 점에서 그 말의 효능은 여전하다고 하겠다. 다만 존재 이전에 생각으로 존재를 규정하는 것이 가끔은 폭력이라는 생각도 든다. 나는 이렇게 실제 존재하고 있는데, 존재를 증명하기 위해 합리적이고 논리적인 설득을 선결해야 한다. 만일 존재를 설득해내지 못하면 나의 존재는 섬망(譫妄)에 불과할지도 모르다니! 그래서 나는 이 말의 논리가 조금 수정될 필요가 있다고 생각한다.

"나는 존재한다. 그러므로 존재한다."

존재 그 자체가 존재의 이유인 것이다. 누가 호명해주지 않아도 존재하는 모든 것은 나름의 이유가 있고, 존중받을 가치를 지니고 있다. 존재는 그 자체로 완전하며 누군가의 판단 대상이 아니다. 비교를 통해 우열의 대상이 되어도 안되고, 과부족(過不足)으로 초과니 결손으로 판단되어도 안된다. 또한 사람이든 동물이든, 식물이든, 벌레든 외형이 어떤가에 상관없이 세상에 나오는 그 순간부터 존재는 이뤄지고 완성되며 온전해진다. 존재는 태어나고 자라고 병들고 죽는다. 이 자체는 보편진리로되, 순간마다 선택할 문은 늘 존재한다. 그 문도 하나가 닫히면 다른 문이 열리니, 결국 문은 열려 있는 셈이다. 그 문을 지나 길을 걷다 보면 어느새 하나의 존재가 된다. 어쩌면 순간순간 선택할 때는 몰랐지만, 이것이 그의 운명이요, 존재의 결과일지도 모를 일이다. 그런 점에서 그의 선택은 그에게 가장 알맞은 것이었다. 존재는 그 자체로 아름답다.

치유

그런 점에서 치유라는 개념은 소중하다. 치유는 주체의

존재에 대한 긍정을 바탕으로 자신을 스스로 조절해가는 자정 능력을 표현한다. 외부의 권위나 권력에 기대기보다는 원력(原力, 원래 가지고 있던 힘)에 의거해 현존이 지닌 결여나 상처나 과잉이나 숨가쁨을 보완하고 위로하며 절감하고 토닥여주는 것이다. 원력의 상황에 따라서 멈추거나 후퇴하거나 전진을 단방(單方)으로 제시하며, 나아가 근본적인 개선과 전변, 그리고 생성까지 전망한다. 간혹 '치유는 임시방편에 지나지 않은가' 하는 혐의를 부여하기도 한다. 맞는 지적이다. 심장에 병이 생겨 수술이 급한 사람에게 건네는 위로의 말은 정신적 안정을 부여할 뿐, 심장병을 없애지는 못한다. 그러나 병증의 치료에 근원적인 힘은 치료 가능에 대한 환자의 신뢰와 낫겠다는 의지에 있음을 많은 의료 기적들은 증언해주고 있다. 어쩌면 우리는 이 지점을 노리는지도 모르겠다.

구름에 덮인 산자락을 가만히 응시하는 산사람의 마음은 구름이 걷히고 나면 아름다운 산이 위용을 드러내리라는 믿음을 바탕으로 한다. 내보이지 않을 듯이 꼭꼭 감춘 마음을 드러내게 만드는 것은 관계에 대한 은근한 끈기와 상대에 대한 진심이 아니던가! 치유는 상처받은 이(그것이 자신이든 타인이든)에 대한 진심과 인내와 신뢰를 보내는 지극히 인간적인 행위이다. 마치 세상의 모든 소리를 듣고 보겠다는 관세음보살의 자비로운 눈빛과 모든 이의 아픔을 보듬겠다며 두 팔을 수줍게 내려 안는 성모마리아의 자애로운 손짓과도 같다. 이쯤 되면 마치 신앙의 차원으로 신화(神化)되는 듯하여 못내 두려워지기도 한다. 그러나 치유의 본질이 그러한 것을 어쩌겠는가!

인문

 우리는 다양한 학문에서 진행된 고민을 통해 치유를 시도하고자 한다. 흔히 인문 운운할 경우, 많은 경우 문학이나 역사나 철학 등등과 같은 특정 학문에 기대곤 한다. 이는 일부는 맞고 일부는 그렇지 않다. 세상은 크게 세 가지로 구성되어 있다. 여러분이 한번 허리를 곧게 세우고 서 보라. 위로는 하늘이 펼쳐져 있고, 아래로 땅이 떠받치고 있다. 그 사이에 '나'가 있다.

 고개를 들어본 하늘은 해와 달이, 별들로 이뤄진 은하수가 시절마다 옮겨가며 아름답게 수놓고 있다. 이것을 하늘의 무늬, 천문(天文)이라고 부른다. 내가 딛고 선 땅은 산으로 오르락, 계곡으로 내리락, 뭍으로 탄탄하게, 바다나 강으로 출렁이며, 더러는 울창한 숲으로, 더러는 황막한 모래펄로 굴곡진 아름다움을 이루고 있다. 이것을 땅의 무늬, 지문(地文)이라고 부른다. 그들 사이에 '나'는 그

수만큼이나 다양한 말과 생각과 행위로 온갖 무늬를 이뤄내고 있다. 이것을 사람의 무늬, 인문(人文)으로 부른다.

인문은 인간이 만들어내는 모든 것을 가리킨다. 그 안에 시간의 역사나 사유의 결을 추적하는 이성도, 정서적 공감에 의지하여 문자든 소리든 몸짓으로 표현하는 문학예술도, 주거 공간이 갖는 미적 디자인이나 건축도, 인간의 몸에 대한 유기적 이해나 공학적 접근도, 하다못해 기계나 디지털과 인간을 결합하려는 모색도 있다. 이렇게 인문을 정의하는 순간, 인간의 삶과 관련한 모든 노력을 진지하게 살필 수 있는 마음이 열린다. 다만 이 노력은 인간이 지닌 사람다움을 표현하고 찾아주며 실천한다는 전제하에서만 인문으로 인정될 수 있다. 이제 천지와 같이 세상의 창조와 진퇴에 참육(參毓)하는 나를, 있는 그대로 바라볼 때가 되었다.

餘滴

어데선가 조그마한 풀씨 하나가 날아왔다. 이름 모를 풀씨가 바윗그늘 아래 앉자 흙바람이 불었고, 곧 비가 내렸다. 제법 단단해진 흙이 햇빛을 받더니, 그 안에서 싹이 올라왔다. 그런데 싹이 나오는 듯 마는 듯하더니 어느

새 작은 꽃을 피웠다. 다음 날, 다시 풀씨 하나가 어데선가 오더니만 그 곁에 앉았다. 이놈도 먼저 온 놈과 마찬가지로 싹을 틔우고 꽃을 피웠다. 그런데 이게 웬일인가! 그 주위로 이름 모를 풀씨들은 계속 날아와 앉더니 꽃을 피워댔다. 이들은 노란빛으로, 분홍빛으로, 보랏빛으로, 하얀빛으로, 혹은 흩색으로 혹은 알록달록하게 제빛을 갖추었다. 꽃 하나하나는 여려서 부러질 듯했는데, 밭을 이루자 뜻밖에 아름다운 꽃다지로 변했다. 생각지도 못한 일이었다!

이 컬렉션은 이름 모를 풀꽃들의 테피스트리다. 우리는 처음부터 정교하게 의도하지 않았다. 아주 우연히 시작되었고 진정 일이 흘러가는 대로 두었다. 필자가 쓰고 싶은 대로 쓰도록 했고, 주고 싶을 때 주도록 내버려 두었다. 글은 단숨에 읽을 분량만 제시했을 뿐, 그 어떤 원고 규정도 두지 않았다. 자유롭게 초원을 뛰어다닌 소가 만든 우유로 마음 착한 송아지를 만들어내듯이, 편안하게 쓰인 글이 읽는 이의 마음을 편안하게 할 것이라는 믿음 때문이었다. 우리는 읽는 이들이 이것을 통해 자신을 진지하게 성찰하고 새롭게 각성하기를 원하지 않는다. 그저 공감하며 고개를 주억거리면 그뿐이다. 읽는 분들이여, 읽다가 지루하면 책을 덮으시라. 하나의 도트는 점박이를 만들지만, 점박이 101마리는 멋진 달마시안의 세계를 만들 것이다. 우리는 그때까지 길을 걸어가려 한다. 같이 길을 가는 도반이 되어주시는 그 참마음에 느꺼운 인사를 드린다. 참, 고맙다!

                            2024년 입추를 지난 어느 날
                            치유인문컬렉션 기획위원회 드림

서문

사람의 따뜻한 마음과 협력이 한 마을을 어떻게 변화시킬 수 있는지 알고 싶으신가요?

포항의 작은 어촌 마을, '다무포하얀마을'의 이야기는 단순한 마을 재생의 이야기가 아닙니다. 이는 사람들의 진정성과 헌신이 어떻게 한 마을을 기적적으로 변화시킬 수 있는지를 보여주는 생생한 현장이자 기록입니다. 오래된 벽돌 담벼락에 흰색 페인트가 칠해지는 순간, 마을은 그 어느 때보다 밝아졌고, 이 변화를 만들어낸 것은 사람들의 협력과 따뜻한 마음이었습니다.

'다무포하얀마을'은 원래 쇠퇴해가던 어촌이었습니다. 그러나 마을 주민들과 봉사자들이 함께 힘을 합쳐 마을을 새롭게 바꾸기로 결심한 순간부터 모든 것이 달라졌습니다. 벽화 페인팅 프로젝트는 단순히 낡은 담벼락을 새롭게 하자는 목표로 시작되었지만, 그 과정에서 사람들의 진정성과 헌신이 더해져 프로젝트는 그 이상의 의미를 지니게 되었습니다. 페인트가 부족할 때 ㈜노루페인트의 후원과 1,800여 명의 봉사자들이 모여들어 마을의 담벼락을 하얗게 칠하는 모습은 진정한 기적이었습니다.

이 책은 '다무포하얀마을'이 어떻게 '포항의 산토리니'로 거듭나게 되었는지, 마을 주민들과 봉사자들이 함께 만들어낸 변화를 생생하게 담고 있습니다. 담벼락 페인팅이 하나의 전통이 되고, 매년 축제가 열리며, 마을이 끊임없이 발전하는 과정을 통해 작은 손길이 모여 큰 변화를 일으킬 수 있다는 믿음을 얻게 될 것입니다.

'다무포하얀마을'의 이야기는 단지 마을의 변화만을 다루지 않습니다. 이 책은 사람들 간의 연결고리와 협력의 힘, 그리고 따뜻한 마음이 만들어낸 기적을 통해 독자들에게 큰 감동과 영감을 줄 것입니다. 마을 주민들과 봉사자들이 함께 만들어낸 바닷가의 작은 어촌 '다무포하얀마을'은 지속적으로 사람들의 발길을 끌어당기며, 방문하는 모든 이에게 아름다움과 감동을 전해줍니다.

이 글을 통해 작은 어촌 마을이 어떻게 지속 가능한 발전을 실천하며 활기를 되찾았는지, 그리고 그 과정에서 사람들의 따뜻한 마음이 얼마나 큰 힘을 발휘할 수 있는지를 함께 경험해보시기 바랍니다.

2024년 9월
다무포 하얀마을에서 이나나

시작하면서

    불과 10여 년 전, 2016년 다보스포럼에서는 전 세계가 인더스트리 4.0의 도래에 대해 열띤 논의를 벌였습니다. 그로부터 시간이 흐른 지금, 우리는 인더스트리 5.0이라는 새로운 시대의 문턱에 서 있습니다. 산업혁명은 언제나 우리 삶을 더 편리하고 풍요롭게 만들기 위해 발전해 왔습니다. 증기 기관의 발명으로 시작된 1차 산업혁명에서부터 전기를 통한 대량 생산과 자동화를 이끈 2차 산업혁명, 인터넷 시대로의 정보화를 이룬 3차 산업혁명, 그리고 제조와 IT가 융합된 디지털 시대인 4차 산업혁명까지 이어져 왔습니다.

    그렇다면 5차 산업혁명은 어떤 모습일까요? 5차 산업혁명은 4차산업혁명의 핵심 기술인 AI, IoT, 빅데이터를 기반으로 '지속가능성', '인간 중심', '유연성'을 더한 새로운 산업구조입니다. 4차산업혁명은 IoT를 통해 우리의 삶을 더 편리하게 만들었고, AI는 업무 데이터를 학습하여 예측과 추론을 통해 기존 컴퓨터가 할 수 없었던 복잡한 작업을 성공적으로 자동화했습니다. 또한, 인터넷에 연결된 장치에서 수집한 데이터를 빅데이터로 분석해 장비의 작동 및 고장, 사람의 건강과 행동을 예측하여 정확도를 높였습니다. 이러한 기술들은 무인 매장, 온라인 의료, 전자결제, 온라인 공공 서비스로의 전환 등 우리 생활을 더욱 편리하게 만들었습니다.

하지만 4차산업혁명은 지구환경을 고려한 지속가능성, 인간 중심적 접근, 자원 문제를 해결하는 순환 경제가 충분히 반영되지 않았습니다. 이를 해결하기 위해 세계 각국은 발 벗고 나섰습니다. 2021년 유럽연합(EU) 집행위원회는 '지속가능성', '인간 중심', '유연성'을 발표했으며, 독일과 미국도 환경 및 기후 변화에 대응한 지속 가능한 산업화를 선언했습니다.

이러한 혁신과 발전 속에서 우리는 또 다른 중요한 문제를 마주합니다. 바로 어촌 소멸의 위기입니다. 물론 농촌도 다르지 않습니다. 기술의 발전과 도시화로 인해 특히 젊은 사람들이 어촌을 떠났으며, 이는 어촌 사회의 붕괴와 전통적인 어업 문화의 소멸로 이어지고 있습니다. 어촌 소멸은 단지 경제적 문제뿐만 아니라, 우리 문화와 정체성의 중요한 부분을 잃게 되는 것을 의미합니다.

이러한 맥락에서 '다무포하얀마을 고래의 꿈'은 비록

산업적 관점은 아니었으나, 2019년부터 현재까지 우리 삶의 '지속가능성', '인간 중심', '유연성'을 실천하고 있는 작은 어촌 마을의 현장을 진솔하게 담아내고자 합니다. 이 글은 저의 이야기이며, 저의 경험을 바탕으로 한 것입니다. 이를 통해 어촌 소멸의 위기 속에서도 지속 가능한 삶과 인간 중심적 접근을 어떻게 실천해 나갈 수 있는지 함께 고민해보고자 합니다. 또한, 다무포고래마을이 어떻게 "다무포하얀마을"로 불리고 있는지, 다무포고래마을이 다시 활기를 되찾게 된 비결은 무엇인지, 우리가 잃어가고 있는 소중한 것들을 어떻게 되찾을 수 있는지 나누고자 합니다. 다무포하얀마을의 이야기가 여러분에게도 작은 영감이 되길 바랍니다.

1장

포항의 산토리니, 다무포하얀마을

Collectio Humanitatis pro Sanatione VII

societas

'포항의 산토리니, 다무포하얀마을'을 아시나요? 이곳은 포항시 남구 호미곶면에 위치한 우리나라 최동단의 작은 어촌입니다. 지도에서 보면 호랑이 꼬리를 닮았다 하여 호미곶이라 불립니다. 이 마을은 여러 이름이 있습니다. 행정명으로는 강사1리, 지역적 스토리가 있는 다무포고래마을, 그리고 혁신적인 이름인 다무포하얀마을입니다.

한 번은 웹사이트를 검색하다가 우연히 한 청년의 블로그에서 다무포하얀마을 방문 후기를 발견했습니다. 이렇게 적혀 있었습니다. "이 마을 참 재밌다. 주민마다 마을 이름을 다르게 부르더라. 어떤 사람은 '다무포하얀마을', 어떤 사람은 '다무포고래마을', 또 어떤 사람은 '강사1리'라고 하네. 그래도 마을은 정말 산토리니처럼 예쁘네. 담벼락도 하얗고, 바다도 하늘도 맑고 푸르다. 포항의 산토리니 맞네. 인정."

여러분, 왜 이 마을은 이름이 세 가지나 될까요? 그 이유는 마을의 역사에 있습니다. 행정상으로는 강사 1리지만, 실제로는 아랫마을 다무포와 윗마을 강금이 합쳐진 곳입니다. '다무포(多無浦)'는 '없는 것이 많은 바닷가 마을'이라는 뜻이기도 하고, 소나무 숲만 무성한 마을이라서 '다목포(多木浦)'라고도 불렸습니다. 이곳은 작은 몽돌해변과 간이해수욕장이 있는 아담한 마을입니다. '강금(江琴)'은 그 지형이 마치 거문고 같다는 뜻을 지니고 있으며, 집들이 늘어선 해안선이 매력적입니다.

1.

잊힌 이름, 다무포고래마을

   다무포하얀마을은 고래와 깊은 관련이 있습니다. 그래서 원래는 '다무포고래마을'이라 불렸지요. 1986년 포경업이 금지되기 전까지 이 마을 앞바다에서는 귀신고래와 밍크고래를 자주 볼 수 있었습니다. 앞바다의 수온이 고래가 새끼를 낳고 회유하기 좋은 환경이기 때문이지요. 고래가 자주 출몰하던 당시, 소년이었던 지금의 할아버지들은 그 시절의 고래 이야기를 들려주곤 합니다. 고래의 출몰이 잦았던 다무포고래마을은 그들의 먹이였던 돌미역이 풍부하고, 또 그 돌미역을 먹고 자라는 전복, 뿔소라, 성게 등 다양한 해산물도 풍부하여 해녀들이 나잠 (裸潛) 활동으로 생계를 이어가기에 좋은 환경이었습니다. 그래서일까요, 포항 호미곶만의 해녀들뿐만 아니라 300여 명이 넘는 해녀들이 활동합니다 우리나라에서 제주도 다음으로 해녀들의 나잠이 활발한 곳입니다.

다무포고래마을은 최근 몇 년간 변화의 중심에 서 있습니다. 마을 벽마다 온통 하얀색 페인트를 칠하고 고래 로고를 그려 넣는 프로젝트가 시작되면서 '포항의 산토리니, 다무포하얀마을'이라는 새로운 이름으로 불리게 되었고, 사람들의 발길이 끊이지 않습니다. 그로 인해 지금은 차박을 즐기는 사람들, 해변 텐트족, 글램핑을 즐기는 사람들이 찾는 핫한 마을이 되었습니다.

다무포고래마을은 지속 가능성, 인간 중심, 탄력성의 가치를 담고 있습니다. 2019년 이전만 해도 다무포고래마을은 인구가 줄어들며 거의 잊혀 가던 마을이었습니다. 지금은 후손들도 돌아와 마을에 안착하며 새로운 활기가 넘칩니다. 마을 어르신들이 해변 길을 따라 산책하는 모습, 몇 채 남은 어선과 해녀들이 작업하는 모습, 해변 길을 따라 걷는 트레킹족, 그리고 하얀 카페와 풀빌라, 방치된 빈집들이 후손들의 세컨드 하우스로 바뀌면서 MZ세대 인플루언서들도 찾는 인기 있는 마을이 되었습니다. 중요한 것은 이 모든 변화에도 마을의 원형은 헤치지 않는다는 무언의 약속이 담겨 있습니다. 그것이 바로 포항의 산토리니, 다무포하얀마을입니다.

제가 이 마을에 처음 발을 디딘 것은 6년 전(2019년)입니다. 당시 마을 벽에 희미하게 남아 있던 '고래마을'이라는 글귀를 발견하고, 동네 어르신으로부터 이 마을 앞바다가 '고래의 회유지'라는 것과 고래 이야기를 들었습니다. 지금은 '다무포하얀마을'이라는 이름과 고래로 디자인한 세련된 마을 로고가 대문마다 부착되어 있고, 크고 잘생긴 고래 벽화가 곳곳에서 방문객들을 반기고 있습니다.

   마을의 유일한 편의 시설은 홀로 거주하시는 할아버지가 운영하는 허름한 구멍가게 하나뿐이지만, 외부 방문객이 거의 없던 마을이라 가게의 모든 것이 유통기한이 한참 지나 있었던 것이 사실입니다(2019년 당시). 그러나 지금은 여행자들과 관광객, 타 마을의 견학, 포항 시민들의 페인팅 봉사 등으로 활기가 넘칩니다. 1세대의 빈집들은 이제 2, 3세대의 여름 휴식처로 변모했고, 국내 다채로운 방송국에서 촬영을 진행할 정도로 유명해졌습니다. 최근에는 마을 앞바다에 밍크고래가 다시 나타나면서 마을 주민들은 고래의 꿈을 다시 꾸고 있습니다.

   저는 이제부터 이 작은 마을에서 일어나고 있는 변화와, 이 변화를 이끌었던 2019년 뜨거웠던 여름날의 이야기인 '포항의 산토리니, 다무포하얀마을 만들기 프로젝트'와 그 기적에 동참했던 고래마을 어르신들과 1,800명의 포항시민 봉사자들의 이야기를 나누고 싶습니다. 6년 차 접어든 지금 이 꿈을 나누는 봉사자들은 약 1만 명을 넘겼습니다. 이 글은 '포항의 산토리니, 다무포하얀마을 만들기 담벼락 페인팅' 프로젝트를 처음 기획한 예술가인 저의 꿈도 함께 나눕니다. 여러분도 이 놀라운 변화에 동참해 보실래요?

2.

세상에 그리는 그림

저는 화가이자 미술사학자입니다. 어릴 적부터 그림을 그려왔고, 누군가 "네 꿈이 뭐냐?" 물으면 "한국의 피카소가 되는 것입니다."라고 대답했습니다. 그 꿈은 성인이 되어 화가로 활동하고, 미술사를 전공하여 그림의 역사를 연구하고 전하는 미술사학자가 된 후에도 계속되었습니다. 저의 그림 솜씨는 지역에서는 웬만큼 인정받아 웹 검색으로 나름의 활동이 나오지요.

그러던 어느 날, 40대 초·중반 즈음에 저는 우리가 살아가는 이 화려한 도심의 불빛과 네온사인 뒤편에 방치된 낡고 허물어진 상가들과 그곳에서 수십 년째 가게를 지키며 떠나지 못하는 상인들을 보았습니다. 그들은 어둠침침하고 인적이 드문 골목 안길을 단 한 명의 손님이라도 기다리며 그렇게 그 자리를 지키며 떠나지 않고 있었습니다. 그리고 한때 번성했던 시절의 비좁도록 붐비던 골목 상권의 잊히어 가는 이야기를 하면서 언젠가는 다시 그날이 올 것이라는 막연한 기대를 놓지 않고 있었습니다. 그 광경은 제게 큰 충격으로 다가왔습니다. 가장 놀라운 것은 한 치 앞의 도로에서는 화려한 불빛의 가게들이 도로를 따라 즐비하였고, 각양각색의 차들은 앞다투어 질주하듯 4, 6차선 도로를 누비는 밤 풍경이 계속되는데 몇 발만 내딛는 골목은 전혀 다른 세상이 펼쳐지고 있다는 사실이었습니다. 그때 제 머릿속에 떠오른 생각은 이랬습니다.

"우리가 살아가는 도심은 푸른 잎을 자랑하며 당당히 서 있는 거대한 고목과 같다. 비록 겉은 푸르게 보이지만, 고목은 수십 년, 수백 년을 살다 보니 속으로부터 뿌리는 썩어가고 있다. 그러나 보여지는 것은 거대하고 당당하게 푸른 잎을 펼치고 있었기 때문에 그 누구도 땅속 보이지 않는 곳으로부터 병들어 썩어가는 뿌리는 보지 못한다. 하지만 뿌리가 썩은 고목이 쓰러지는 것은 한순간이다. 우리가 살아가는 이 도시도 마찬가지이다. 화려한 불빛과 높은 빌딩, 아름다운 가게들이 펼쳐진 도심이지만, 몇 걸음 물러나 골목을 들어서면 고목의 뿌리처럼 하나씩 둘씩 폐허가 되어 죽어가는 원도심과 마주한다. 중요한 것은 이 도시는 나만, 우리만 살아갈 곳이 아니다. 내 아이들과 후손들이 앞으로도 쭉 살아갈 그곳이다."

이런 생각이 든 이후(2014년)부터 제 삶은 바뀌기 시작했습니다. '나'에서 '너'로, 그리고 '우리 함께'로. 그래서 "이 사회와 도시를 위해 내가 할 수 있는 일을 찾아서 하자."라고 결심했습니다. 그때부터 우리가 살아가는 세상이 보였습니다. 이전까지의 저는 '나만, 내 가족만' 보이는 한 시점의 삶을 살았습니다. 이후로 저는 여러 시점의 시각을 갖게 되었습니다. 다양한 사람들, 다양한 삶, 이 세상은 혼자만으로 잘 살아갈 수 없는 곳임을 자각했습니다. 물론 잠시는 혼자가 편합니다. 한 가정의 엄마나 아빠가 가족들은 뒷전이고 자기 혼자만을 챙긴다면 잠시 혼자 몸은 편하겠지만 가족이라는 원형은 깨집니다. 가정이 엄마의 수고와 아빠의 나눔으로 지켜지듯 우리 사회, 국가, 우리 도시도 마찬가지입니다. 함께해야 합니다. 어릴 적 학교 운동회 기억나는가요. 둘이서 함께 왼발, 오른발 각각 한쪽을 묶고 달립니다. 한 사람이 혼자 빠르면 느린 다른 한쪽은 따르지 못하면서 결국 둘 다 넘어집니다. 우리의 삶터도 마찬가지입니다. 나 혼자만의 나은 삶을 추구하고 더 좋은, 편리한 곳으로 옮겨가는 무분별한 개발이 결국 구도심, 원도심을 만들었지요.

그래서 내건 저의 슬로건은 '예술로 재생되는 구도심'입니다. 난생처음 슬로건이라는 것을 내걸고 내가 사는 이 세상에 관심을 쏟기 시작했던 바로 그해(2014년)는 도시재생 특별법이 시행되었던 해였습니다. 그렇게 도시재생과 저의 재능이 합을 이루면서, 내 그림이 담겨 질 도화지는 '세상'이 되었지요. 도심 뒷골목 벽처럼 낡아서 사람들의 기억에서 외면되는 곳들이 바로 저의 도화지가 되었습니다.

저는 이렇게 10년을 캔버스가 아닌 세상을 도화지로 삼고 그림을 그리고 있습니다. 이 그림 가운데 제 생애 최고의 인연으로 다가온 그림이 바로 지금은 포항의 산토리니로 불리는 '다무포하얀마을'입니다.

그림을 그리기 전 낡았던 뒷골목에 그림이 그려지자 밝아지면서 학생들이 나들이 나와서 즐거워합니다.

2017년 어느 날, 구룡포 골목길에서 동료 선후배들과 벽화 작업 중인 모습입니다.

2015부터 유휴공간을 활용한 복합문화공간 아트갤러리 빛에서 학술, 미술 전시, 공연 등 인문과 예술이 어우러지는 예술인과 시민의 가교역할을 했습니다.

3.
한번의 도전으로 불기 시작한 생명의 바람

　2014년, 저는 '예술로 재생되는 구도심'이라는 슬로건 아래, 포항의 원도심에서 10여 년간 방치됐던 90평의 유휴공간을 활용해 비영리 복합문화공간 '아트갤러리 빛'을 운영했습니다. 포항시민들과 지역 예술가들이 함께 교류할 수 있는 이 공간은 저에게 큰 의미를 지녔습니다. 동시에 동료 예술가들과 함께 '거리의 미술관, 스트릿아트 뮤지엄'으로 도시재생 활동에 심취했으며, 주말도 반납하고 일하는 버릇도 이때 생겼습니다.

　그러던 2019년 어느 날, 갤러리를 방문한 지인의 손에 들린 '포항시 도시재생 마을역량강화사업' 공모 신청 요강을 보게 되었습니다. 무심코 들여다본 프린트물에는 마을 꽃길 가꾸기, 동네 빨래방, 프리마켓, 산토리니 마을 만들기 등 20여 가지 다양한 예시들이 나열되어 있었고, 특별기획 사업으로는 규모에 따라 최소 천만 원부터 최대 3천만 원까지 지원된다는 항목이 있었습니다. 특별

기획은 1, 2개소만 선정되는 희박한 가능성에도 불구하고, 도전을 결심했었죠.

요강을 살펴보면서 TV에서 포카리스웨트 광고의 배경으로 보았던 하얀 담벼락과 파란 지붕만으로도 세계적인 관광명소가 된 산토리니를 떠올렸습니다. 스마트폰으로 산토리니를 검색해 보니, 맑은 하늘과 푸른 바다에 맞닿아 있는 하얀 마을의 모습이 제 마음을 사로잡았습니다. 공모사업이라는 것은 지역의 문제를 해결하고자 국가나 행정이 아닌 민간 비영리단체나 지역의 주민들이 시간과 기부를 통해 참여하는 비영리사업입니다. 당시 저는 2014년부터 유휴공간을 리모델링한 복합문화공간인 갤러리를 운영 중이었기에 여러 가지 경제적, 시간적 소모가 많은 상황이었지요. 그때 이미 5년째 공적 지원 없이 개인 비용만으로 문화 활동을 이어오던 저는 에너지가 거의 소진된 상태였습니다. 따라서 공모사업은 참여하지 않겠다는 다짐을 깨고, '산토리니'라는 단어에 마음을 빼앗겨 갈등했지요. 그래서 남편인 신일권 박사에게 유휴공간이 방치된 바닷가 마을을 산토리니처럼 만드는 기획에 대해 의견을 요청했습니다. 평소에는 불필요한 정의감에 불탄다고 나무라던 그가 이번에는 달랐습니다. "기획대로만 진행한다면 내용이 너무 좋다. 어차피 지금까지 사회적 가치를 위해 시간과 돈을 쏟아부었으니, 이번

이 마지막이라고 생각하며 한 번 더 도전해봐. 성공하면 더 좋고, 실패해도 마을에는 좋은 일이 될 거야." 그의 말에 용기를 얻어 '포항의 산토리니, 다무포하얀마을 만들기 담벼락 페인팅' 프로젝트를 시작했습니다.

그때부터 현재까지 6년 동안 이 프로젝트는 한결같이 진행되고 있습니다. 포항시 호미곶면에 위치한 작은 어촌 강사1리 고래마을을 대상으로 '포항의 산토리니, 다무포하얀마을 만들기 담벼락 페인팅'이 기획되었고, 특별기획으로 인정받아 3천만 원의 지원을 받게 되었습니다. 도시재생마을역량강화 사업비로는 상당히 큰 금액입니다. 이 사업을 통해 다무포고래마을과의 인연이 시작되었고, 지금의 '다무포하얀마을'이 탄생하게 되었습니다.

지금 생각해보면, 그때의 결정이 마을에 얼마나 큰 변화를 가져왔는지 실감합니다. 한 번의 도전으로 시작된 이 프로젝트는 마을에 새로운 생명을 불어넣었고, 마을 주민들과 봉사자들이 함께 만들어낸 이 변화는 앞으로도 오래도록 지속될 것입니다.

담벼락 페인팅 이전 사진(2019년 이전)

2019년 담벼락페인팅 이후

4.
잊힌 공간에서 재생의 꿈을 이루다

 저는 1999년부터 2010년까지 10여 년간 쉼 없이 석·박사 학위 공부를 하였습니다. 공부를 마친 후에는 화가로서 작품 활동과 대학 강의, 평론, 전시, 공연 기획 등 동료 예술가들과 함께 포항 시민들에게 문화를 전하는 일에 몰두해 있었습니다. 그러다 보니 제가 살아가는 포항의 주변을 둘러볼 여유가 없었습니다. 그렇게 가까이에 있는 영일대 바다조차 한 번 둘러볼 시간적 여유가 없었던 저에게 어느 날 지인으로부터 포항 시내에서 1시간가량 달려가야 도착하는 구룡포와 호미곶 사이에 위치한 '강사1리 다무포고래마을'의 사정을 들었습니다.

 강사1리는 2009년경 행정자치부의 살기 좋은 지역 만들기 사업의 일환으로 '고래마을 다목적홀' 건물만 지어 놓은 상태에서 해당 부서가 폐지되고, 울산 장생포로 고래 관련 모든 콘텐츠를 놓친 채 국책 사업이 실패한 마을이라는 오명을 얻게 되면서 포항시민의 기억 속에서 멀어졌습니다. 그 후로 고령화가 심화되면서 방치된 다목적홀 건물은 마을 주민들에게 큰 골칫거리가 되었습니다. 마을의 담벼락들도 마찬가지로 점점 낡고 무너져 내리고 있었습니다.

   제가 이 마을에서 5년 동안 '포항의 산토리니, 다무포 하얀마을' 프로젝트를 진행하는 내내 해결해야 했던 가장 큰 숙제는 바로 이 유휴공간이었습니다. 건물 관리 소관은 포항시에 있었고, 이 건물을 실제 운영해야 할 주체는 마을 주민들이었지만 고령화와 더불어 콘텐츠와 운영 자금이 없어 건물은 방치되었습니다. 결국 행정도 문을 닫아버린 상태였고, 마을 한가운데에는 커다랗게 방치된 건물이 바다뷰를 가로막고 있었습니다. 가끔 행사가 있거나 물난리가 나면 저와 함께 다무포하얀마을 추진 봉사회원들이 건물 청소를 했습니다. 결론은 운영비가 없으니 행정도 속수무책이었습니다.

   그러나 이제는 염려하지 않아도 됩니다. 저와 다무포 하얀마을을 사랑하는 페인팅 봉사자들, 그리고 마을 주민들의 5년간의 노력과 염원 덕분에 '2024 해양수산부 어촌신활력증진 사업'에 선정되었습니다. 현재는 방치된 채 흉물이지만 앞으로 이곳은 멋진 워케이션 공간으로 탈바꿈하여 여러분을 맞이할 것입니다. 지금으로부터 3~4년 후, 이 공간은 쉼이 있는 멋진 고래 배속으로 재

탄생할 것입니다.

이 프로젝트는 단순히 공간을 변화시키는 것에 그치지 않습니다. 마을 주민과 봉사자들이 함께 만들어낸 이 변화는 새로운 생명을 불어넣고, 마을에 새로운 활력을 주며, 앞으로도 오래도록 지속될 것입니다.

2019년 당시 장기간 방치된 유휴공간 고래마을 다목적홀과 이웃 담벼락입니다. 2022년에 다목적홀 지붕을 전문가의 도움으로 페인팅했습니다. 하얀담벼락과 잘 어울리지요.

밋밋했던 담벼락에는 마을의 상징인 대형 고래 도자기 벽화가 있습니다. 대형 고래벽화에 다가가면 천 명 봉사자들의 이름이 새겨진 고래들(나만의 고래)이 있답니다. 2019년 담벼락 페인팅 첫해에 봉사자들이 마을의 번영을 빌면서 그렸지요.

2장

다무포고래마을, 고래의 꿈

Collectio Humanitatis pro Saratione VII

societas

1.

무모한 프로젝트, 아름다운 마을의 시작

 2019년 2월 어느 날, 포항 시내에서 1시간가량 차를 달려 강사 1리 다무포고래마을로 향했습니다. 방치된 고래회관을 관리하는 위원장을 만나기 위해 갔지요. 마을에 들어서자 하늘과 바다가 맞닿아 푸르고, 부서지는 파도가 맑고 깨끗한 마을 전경에 절로 감탄했습니다. 사진이나 TV 영상으로 본 그리스 산토리니와는 또 다른 포항만의 산토리니 뷰를 가진 마을이 될 것이라는 생각이 들었지요. 그래서 저는 망설임 없이 그 자리에서 바로 '포항의 산토리니, 다무포하얀마을 만들기 담벼락 페인팅'이라는 기획 명을 결정했습니다.

 하지만 정말 이때까지만 해도 제가 이 마을에서 현재까지 6년을 보내고, 앞으로 4년을 더 이곳에서 나의 50대를 시작하고 마무리할 것이라곤 상상하지 못했습니다. 고래마을에서 만난 고두환 위원장님은 남다른 지혜와 높은 미적 감각을 지닌 분이었습니다. 그분의 집은 어촌 마을답지 않게 부친 시절부터 대를 이어 가꿔온 정원이 소공원 같은 분위기를 풍겼습니다. 마을에 대한 애착도 남달라, 빈터에는 소나무를 심고 매년 예쁘게 다듬는 일을 스스로 하셨습니다. 현재는 고위원장님뿐만 아니라 마을의 해녀분들도 집 앞 마당이나 골목에 화단을 만들어 꽃을 가꾸고 있습니다. 하얀 담벼락과 어우러져 진정 포항의 산토리니가 되었습니다.

고위원장님은 방치된 유휴공간을 혼자서 관리하며 건물 방치 문제를 고민하셨습니다. 그는 차분한 목소리로 1970년대 말까지 고래 마을로 유명했던 이곳이 포경업 금지 이후 낙후되었고, 이제는 고령의 주민들만 남아 있다고 말씀하셨습니다. 저는 즉시 "마을의 담벼락을 온통 하얀 페인트로 칠하면 어떨까요?"라고 제안했습니다. 위원장님과 함께 계시던 이장님도 동의하셨습니다. 그렇게 저는 고위원장님의 고래생태마을협의회 이름으로 '포항의 산토리니, 다무포하얀마을 담벼락 페인팅'이라는 프로젝트를 기획했고, 우리의 무모한 도전이 지금의 '포항의 산토리니'를 만들어냈습니다.

마을을 처음 방문했던 그 날, 고위원장님은 이렇게 말씀하셨습니다. "비록 집들은 낡았지만, 아담한 집들이 해안선을 따라 나지막하게 앉아 있는 모습이 너무 아름답습니다. 하지만 다무포는 정말 없는 것이 더 많습니다.

공중화장실도, 식당도, 가게도 없고, 편의시설은 작은 구멍가게 하나뿐입니다. 어린아이와 청년들, 외부인은 그림자도 찾기 힘듭니다."

그러나 제 눈에는 다무포가 가진 것이 너무 많았습니다. 파도가 치면 하얗게 부서지는 포말이 시원했고, 하늘과 바다가 맞닿은 수평선은 마음을 정화시켜 주었습니다. 2월의 찬바람이 옷깃을 여미게 했습니다. 무수한 갈매기 떼가 모여 있는 광경은 가슴을 시원하게 만들었습니다.

또 놀라운 사실 하나는 제주도에만 있는 줄 알았던 해녀들이 이곳에도 계셨고, 이분들이 수확한 자연산 전복은 시원하고 달콤했으며, 자연산 돌미역은 국물이 구수하고 훌륭했습니다. 여러분, 왜 '돌미역'인지 아세요? 얕은 물가에서 미역을 따면, 미역이 붙어 자란 가벼운 돌이 함께 나옵니다. 제가 직접 경험한 정말 재미난 일이었습니다. 이 정도면 자연이 주는 좋은 것은 다 가진, 맑고 청정한 다무포가 아닐까요?

모두 다무포하얀마을 바다 전경입니다. 멀리 바라보이는 저 앞 바다가 고래가 자주 출몰했던 고래 회유지입니다. 요즘 다무포하얀마을이 활기차면서 밍크고래가 자주 출몰한다고 마을 어부들이 전합니다.

2.

부족한 예산, 각서를 쓰다

여러분, 3천만 원으로 한 마을 90여 가구의 담벼락을 모두 하얗게 칠할 수 있을까요? 페인트, 롤러와 붓, 페인트 통, 장갑, 막대 봉 등 필요한 자재와 가장 중요한 인건비를 고려할 때, 결코 쉬운 일이 아닙니다. 노후한 마을 담벼락과 집 내부 벽을 포함하여 마을 방파제 축대까지 모두 흰색으로 페인팅하기에는 턱없이 부족한 예산이었습니다. 그밖에 페인팅에 필요한 잡자재, 생수와 간식, 봉사자 점심 등은 먼 거리 때문에 제공해야 했고, 봉사 시간도 마찬가지였죠.

이 프로젝트는 어림잡아도 1억 5천에서 2억 원이 들어갈 것으로 예상되었습니다. 그래서 이 모든 점을 사전에 감안하고 가상 시나리오를 작성한 후, 필요경비를 모두 마련할 수 있을지를 철저히 계산해 보았습니다. 그동안 지역사회에서 20년 안팎으로 쌓아온 개인적 친분과 인연, 그리고 단체들의 도움을 받기로 했습니다. 지역 라

이온스 클럽, 로터리클럽, 지역 소기업 등에서는 페인팅에 필요한 페인트를 지원받았고, 포항시 자원봉사센터로부터는 봉사자 모집과 봉사 시간을 지원받았습니다. 바르게살기운동협회, 각종 봉사회에서는 생수와 간식 등을 제공해주었으며, '포항 SNS소통나눔연구소'는 담벼락 페인팅의 모집과 진행 과정 등을 홍보해 주었습니다. 사랑의 밥차는 가끔 마을 해녀분들을 대신해 봉사자들에게 밥을 제공했습니다.

 문제는 담벼락을 칠할 인력과 인건비였습니다. 그래서 포항시 자원봉사센터를 방문해 협조를 요청했습니다. 담벼락 페인팅 봉사자를 모집하고, 참여한 모든 사람들에게 봉사 시간을 부여해 달라는 것이었습니다. 자원봉사센터는 기꺼이 협력해 주었고, 덕분에 2019년 6월부터 8월 말까지 3개월 동안 매주 토요일과 일요일에 진행된 담벼락 페인팅에 1,800여 명이 참여해 주셨습니다. 권오성 센터장님도 가족과 직원들과 함께 페인팅 봉사에 참여했습니다. 이렇게 포항시민들이 동참해 주신 덕분에 인건비 문제도 해결되었습니다. 그 밖에 저의 개인적 친분과 대표님들, 회장님들은 간식 등을 수시로 제공해 주었습니다. 물론 봉사자들을 위한 점심 한 끼는 마을 부녀회에서 맡았습니다. 또 다무포하얀마을 만들기 추진을 위한 추진위원회를 꾸렸습니다. 이분들은 봉사자들을 위해 모든 시간을 내어주고, 발품도 팔아가며 어려움을 묵묵히 감당해 주셨습니다.

저는 이 모든 일들을 사전에 가상 시나리오로 구상하고, 프로젝트 실행 시 경비 부족 등으로 중단되지 않고 끝까지 마무리할 수 있는 상황을 철저히 점검했습니다. 가능성을 확인한 후, '포항의 산토리니, 다무포하얀마을 프로젝트'를 기획하였고, 사업계획서에는 마을역량 강화 지원비 외에 사전에 준비한 모든 대비책을 포함했습니다. 그리고 고두환 위원장님께서 면접에서 마을의 적극적인 참여 의지를 잘 표현해 주셨기 때문에 프로젝트가 선정되었습니다.

그러나 거기에는 조건이 있었습니다. 기획서를 보니, 이 프로젝트를 꼭 시행하고 싶지만, 너무 광범위하여 기존의 공모사업에 비해 예산이 턱없이 부족하다는 것이었습니다. 마을 담벼락이라도 끝까지 책임질 수 있냐는 것이었습니다. 그런데도 3천만 원의 예산으로 마을의 90여 가구 담벼락을 모두 칠하는 일은 쉽지 않았습니다. 포항시 도시재생과는 마을 대표인 고두환 위원장님과 저에게 각서를 쓰도록 했습니다. 각서의 내용은 만약 비용이 부족하더라도 중도 포기 없이 프로젝트를 수행하겠다는 책임을 다짐하는 것이었습니다.

그러나 포항시의 우려는 기우였습니다. 소멸 위기에

처한 작은 어촌을 살리기 위한 '포항의 산토리니, 다무포 하얀마을 만들기' 프로젝트는 놀랍게도 많은 단체와 개인이 사회적 가치를 추구하는 일이라면 기꺼이 페인트를 기부하겠다고 약속했습니다. 그들로부터 사전 참여 약속을 받았고, 공모 기획서에 첨부하여 제출했습니다. 그리고 고두환 위원장님은 "우리 마을이 이렇게 젊은 사람들로 북적이는 것도, 마을을 하얗게 단장하는 것도 40, 50여 년 만에 처음이다."라고 말씀하셨습니다.

2019년, 담벼락 페인팅을 진행하기 전에 마을 주민들과 함께 고래마을의 폐그물, 폐생활용품 등을 청소했습니다. 주말에도 포항시 도시재생과 이해일 팀장님이 참여하여 솔선수범을 보여주셨습니다. 호미곶면 주민행정복지센터에서는 폐기물 수거를 담당하며 민·관의 일치를 보여주었습니다.

마을 청소를 위해 9시에 약속을 하였습니다. 부지런한 마을 어르신들께서는 아침 6시에 모두 나와서 이미 청소를 끝내고 계셨습니다. 마치 옛날 새마을 운동 때의 아침 청소처럼 재밌었다고 이구동성으로 말씀하셨습니다. 지금은 매주 한 번씩 동네 청소를 하시기 때문에 마을이 깨끗합니다. 이러한 노력 덕분에 다무포하얀마을의 담벼락 페인팅의 힘이 더욱 커지고 있습니다.

3.

마을의 변화를 이끈 '1800명의 기적'

    2019년 다무포하얀마을 담벼락 페인팅 프로젝트는 포항시 자원봉사센터와 함께 시작된 특별한 여정이었습니다. 저는 이 프로젝트를 기획하며 수없이 많은 가상 시나리오를 작성했습니다. 페인트 기부 단체 명단, 페인팅 참가 희망자 명단, 그리고 포항시 자원봉사센터로부터 신청된 명단까지 모두 꼼꼼히 검토하고 조정했습니다. 당일 참가자가 말없이 빠지는 경우나 생수와 식사 준비, 간식 제공 등 모든 상황에 대비해 계획을 세우고 수정했습니다.

    드디어 첫 삽을 뜨는 2019년 6월 13일, 저는 새벽 6시에 준비를 마치고 다무포고래마을 강사1리로 출발했습니다. 이날을 위해 수많은 준비를 해온 저는 설렘과 기대감으로 가득 차 있었습니다. 저와 함께하는 다무포하얀마을 만들기 추진위원들도 새벽부터 출발해 오전 8시 마을에 도착했습니다. 특히 고두환 위원장님과 마을 부녀회의 협조가 컸습니다. 부녀회 대부분이 해녀였습니다. 그분들은 물질도 멈추고 봉사자들을 위해 멸치 육수로 국수를 끓이는 데 분주했습니다.

봉사자들이 얼마나 올지 걱정도 되었습니다. 저는 200~300명을 예상했습니다. 다른 분들은 100명이 올까 반신반의 했습니다. 기적이 일어났습니다. 무려 400명이 넘는 봉사자가 참가했고, 마을 주민까지 합쳐 600여 명이 함께하는 마을 잔치가 되었습니다. 마을회관과 경로당은 사람들로 가득 찼고, 어르신들은 마을이 생긴 이래 이렇게 많은 사람을 본 적이 없다고 신기해했습니다.

포항시 도시재생과 김현구 과장님과 팀장, 주무관님들, 도시재생지원센터 진영기 센터장님과 직원들, 포항시 자원봉사센터 권오성 센터장님과 사무국장님, 은하수 로타리, 동해 로타리, 행복맘 등 다양한 단체들이 참석했습니다. 포항시 청소년수련관에서도 청소년 봉사대를 대형 버스 두 대에 싣고 와서 페인팅에 참여했고, 바쁨을 핑계로 오랫동안 연락을 나누지 못했던 선후배들도 현장에 참석해 주셔서 감사했습니다.

첫날의 대성공으로 마을은 순식간에 하얗게 변했습니다. 담벼락 페인팅 전후의 집 모습을 본 사람들은 다무포 하얀마을을 사랑하지 않을 수 없었습니다. 기적은 여기서 멈추지 않았습니다. 매주 토요일과 일요일 진행된 담벼락 페인팅은 3개월 동안 지속되었고, 매회 150~200명의 봉사자들이 참여했습니다. 한 번 참석해본 봉사자들이 입소문으로 홍보한 덕분이었습니다.

봉사자들의 점심을 준비하는 것도 만만찮은 일이었습니다. 고두환 위원장님께 참가자 수를 전달하면, 위원장님은 항상 50명 여분을 더 준비했습니다. 덕분에 항상 충분한 점심을 제공할 수 있었습니다. 이렇게 2019년 담벼락 페인팅은 예상 인원 1,000여 명을 넘어 1,800여 명이 참여했습니다.

포항시 자원봉사센터는 봉사자들의 이름과 전화번호, 생년월일을 철저히 기록하며 누락된 봉사자가 없도록 세심하게 관리했습니다. 이 프로젝트는 '미술비평 빛과 삶 연구소'가 주관했으며, 저는 소장으로서 프로젝트를 이끌었습니다.

담벼락 페인팅은 단순한 노동 봉사가 아니었습니다. 옷가지, 신발, 머리카락에 페인트가 묻고, 무더운 날씨 때문에 힘든 작업이었습니다. 생수와 아이스크림, 간식 등이 두 배로 더 들어갔고, 포항 시내에서 마을까지 오는 거리도 만만치 않았습니다. 그럼에도 불구하고 많은 가족들과 단체들, 학생들이 참여했습니다. 어느 언론 보도에서는 이를 '1800명의 기적'이라 불렀습니다.

기적은 계속되었습니다. 봉사자들은 한 마을이 변화되

는 모습을 경험하며 다무포하얀마을의 진정한 참여자이자 완성자가 되었습니다. 이들은 매년 참여하게 되었고, 다무포하얀마을 만들기 밴드를 통해 소식을 주고받으며 활동을 이어갔습니다. 이런 기적이 2024년 현재까지도 계속되고 있습니다.

 2019년, 1,800명의 기적은 단순한 숫자가 아니었습니다. 이는 한 마을의 변화를 이끌어낸 놀라운 힘과 상징이었으며, 사람들의 열정과 헌신이 만들어낸 결과였습니다. 다무포하얀마을은 이렇게 포항의 산토리니로 자리매김하며, 수많은 관광객과 봉사자들을 맞이할 준비가 되어 있습니다.

2019년 6월 1일, 페인팅을 위해 모여든 사람들은 서로 이름은 모르지만, 봉사로 하나 되는 힘을 발휘했다.

페인팅 붓질은 이렇게 하라고 시범을 보이고 있는 추진위원이군요.

담벼락 페인팅 프로젝트는 각 팀별 리더의 관리하에 진행되었습니다. 이들 리더 또한 모두 자발적인 봉사자들이었습니다. 특히 김형철 초대 담벼락 페인팅 사무국장님은 3년간 봉사하신 후 포항시 시의원으로 당선되어 지금은 포항시를 위해 헌신하고 있습니다. 또한 서득수 도시재생지원센터 팀장님은 현재 해양수산부 어촌신활력증진사업단 사무국장으로 재직 중입니다. 권오성 포항시자원봉사센터장님도 리더로서 중요한 역할을 하셨습니다. 이외에도 많은 팀과 리더분들이 있습니다.

포항 은하수로타리 회원들이군요. 이분들은 첫해부터
매년 담벼락 페인팅에 참여하면서 페인트 기부도 아끼지 않는 아름다운 분들입니다.

포항시 청소년 수련관 박시현 관장님은 바다를 사랑하고 지키는 해(海)빛 봉사단을 이끌고 대형버스 2대로 직접 담벼락 페인팅에 참여하였습니다.

혼자서 버스타고 페인팅이 재밌다고 몇 번 이고 참여한 친구입니다.

자세히 보니 추진위원들입니다. 이날 페인팅 봉사로 연을 맺어서 다무포하얀마을 만들기 추진위원으로 열심입니다.

참으로 예쁘고 사랑스러운 모습들입니다.
이 꼬마들의 붓질 하나하나가 다무포하얀마을을 아름답게 만들고 있습니다.

꼭 소개하고 싶은 분들입니다. '포항의 산토리니, 다무포하얀마을 만들기'를 시작하는 저에게 최고의 협력자들이자 평생 잊지 못할 분들입니다. 왼쪽부터 고두환 위원장님, 이나나 추진위원장(본인), 이해일 도시재생과 팀장, 서득수 도시재생지원센터 팀장, 그리고 유지은 도시재생지원센터 주무관입니다.

4.

협력과 기적의 담벼락 페인팅

'다무포하얀마을 프로젝트'는 단순히 담벼락의 미관을 개선하는 것을 넘어, 마을의 소멸 위기를 막고 새로운 활력을 불어넣는 것이 목표였습니다.

하지만 난관이 많았습니다. 특히, 아랫마을 다무포와 윗마을 강금의 90여 채 담벼락을 모두 페인팅하기에는 재정적 어려움이 컸습니다. 40~50년 된 낡은 벽돌 담벼락은 페인트를 많이 흡수해 소비량이 상당했기 때문이죠. 이 상황에서 저는 페인트를 구할 방법을 찾기 위해 밤낮으로 애썼습니다.

그러던 중 뜻밖의 손길이 이어졌습니다. 이나겸 전 시의원님의 소개로 만난 ㈜노루코일코팅의 하태윤 공장장님의 도움으로 ㈜노루페인트로부터 흰색 페인트 100말을 후원받게 되었습니다. 이 소식은 곧 미담이 되어 여기저기에서 페인트 기부와 함께 생수, 간식, 식사 등 다양한 후원으로 이어졌습니다. 감사를 전하는 저에게 하태윤 공장장님은 따뜻한 미소로 말했습니다. "제가 도울 수 있어 정말 기쁩니다. 작은 힘이라도 보태고 싶었습니다."

시간이 흐르면서, 다무포하얀마을의 소식은 점점 더 많은 사람들에게 전해졌습니다. 주변 각지에서도 봉사자들이 몰려왔고, 담벼락 페인팅으로 마을은 점점 더 많은 활기로 가득 찼습니다. 어느새 이 프로젝트는 단순한 페인팅 작업을 넘어 새로운 희망과 꿈을 심어주는 일이 되었습니다.

이 모든 것은 이나겸 시의원님의 소개로 만난 하태윤 공장장님의 도움 덕분이었습니다. 그의 따뜻한 마음과 ㈜노루페인트의 후원이 없었다면, 이 기적 같은 변화는 일어나지 않았을 것입니다.

제가 소장으로 있는 '미술비평 빛과 삶 연구소'의 연구원들도 큰 역할을 했습니다. 그들은 매번 마을에 들어와 페인팅과 후원도 아끼지 않았습니다. 우리는 서로의 노고를 격려하며, 이 프로젝트가 단순한 마을 개선을 넘어 사람들 사이의 연결고리를 만들어가는 과정임을 깨달았습니다.

㈜노루페인트의 100말 기부는 페인트 부족 사태를 단번에 해결했을 뿐만 아니라 이 사업을 계속 추진할 수 있게 된 원동력이 되었습니다.

2019년 6월 1일, 다무포하얀마을 만들기 담벼락 페인팅을 앞두고 ㈜노루페인트에서 흰색 페인트 100말을 기부하며 ESG 경영을 실천해 주셨습니다. 이 기부는 사업 추진의 원동력이 되었습니다.

5.
사람들의 마음을 하나로 모은 해녀들의 해풍국수

매주 토요일과 일요일, 다무포하얀마을에는 100명에서 200여 명의 봉사자들이 모였습니다. 특히 중고등학생들과 대학생들은 아침 일찍 포항 시내 북구에서 출발해 대중교통을 이용해 구룡포에 도착한 후, 택시를 타고 마을에 오곤 했습니다. 포항 시내에서 장거리를 이동해 담벼락 페인팅 봉사에 참여하는 이들은 아침을 거르고 오는 경우가 많았습니다. 저희 추진위원들도 아침 7시에 출발해 8시에 도착하면, 페인트와 도구들을 배치하고 접수대를 설치하며 봉사자 명단을 체크하고 간식과 생수를 준비했습니다.

이 모습을 본 해녀들은 아침 일찍부터 멸치 육수를 내고, 바닷바람을 맞으며 자란 미역과 신선한 해산물로 해풍국수를 끓이기 시작했습니다. 해풍국수는 봉사자들에게 큰 힘이 되었습니다. 매번 하루 전에 예상 참가자 수를 고두환 위원장님께 전달하면, 그분은 항상 50명 여분을 더 준비했습니다. 저도 50여 명을 추가로 예상하며 철저히 준비한 덕분에 언제나 충분한 음식이 제공되었습니다.

해녀들과 부녀회가 매번 끓여주는 국수는 "해풍국수"로 불리며, 멸치로 우려낸 시원한 육수와 바닷바람을 맞으며 자란 신선한 해산물로 만들어졌습니다. 해녀들은 봉사자들이 맛있게 먹고 힘을 낼 수 있도록 아침 일찍부터 정성껏 국수를 준비했습니다. 이 국수는 맛이 좋기로 소문나서, 국수를 먹기 위해 봉사에 참여하는 사람들도 생길 정도였습니다. 어떤 날은 남자 봉사자들이 3~5그릇씩 먹기도 했고, 해녀들은 그런 모습을 보며 기뻐했습니다.

해풍국수 잔치는 단순한 식사를 넘어서 마을 화합의 장이 되었습니다. 고령의 어르신들은 지팡이를 짚고 마을회관 마당으로 나와 함께 국수를 드셨고, 1세대 어르신들부터 4세대 아이들까지 한자리에 모여 즐거운 시간을 보냈습니다. 이러한 화합의 장 속에서 '포항의 산토리니, 다무포하얀마을 만들기' 프로젝트는 더욱 빛을 발하였습니다.

'해풍국수'의 기적은 단순한 음식 이상의 의미를 가지며, 마을과 봉사자들 사이의 유대감을 강화시켰습니다. 다무포하얀마을 만들기 프로젝트는 현재까지도 계속되고 있으며, 마을은 매주 국수 잔치를 통해 화합과 성장을 이어가고 있습니다.

  이렇게 다무포하얀마을은 해녀들의 정성 어린 해풍국수와 봉사자들의 열정으로 마을을 변화시키는 기적을 만들어가고 있습니다. 이 작은 마을이 포항의 산토리니로 거듭나는 과정은 사람들의 마음을 하나로 묶어주는 큰 힘이 되었습니다.

해풍국수 삶기에 열정을 쏟는 해녀들, 이 날만큼은 해녀가 아니라 마을 부녀회랍니다.

해풍국수는 다벼락 페인팅 만큼이나 아이들에게 큰 인기를 누렸답니다.

6.
밥 봉사가 채워 준 사랑과 열정

　포항의 산토리니, 다무포하얀마을을 만드는 담벼락 페인팅 프로젝트에서 중요한 역할을 한 것은 바로 '사랑의 밥차'입니다. 해녀들이 매주 국수를 준비하는 일은 쉬운 일이 아니었습니다. 그들의 나이가 닿은 만큼, 매번 국수를 삶는 작업은 상당히 힘든 일이었습니다. 따라서 가끔 사랑의 밥차 봉사단이 마을에 방문하여 특별한 이벤트를 열어주었습니다.

　매주 토요일과 일요일, 사랑의 밥차는 마을회관 마당에 주방을 설치하고 봉사자들과 마을 주민들을 위해 식사를 준비했습니다. 이 장면을 상상해 보세요. 마을 바닷가와 골목길에서는 수백 명의 사람들이 담벼락을 칠하고, 마을회관 마당에서는 사랑의 밥차가 바쁘게 식사 준비를 하며, 고령의 마을 주민들은 이 모든 모습을 흐뭇하게 지켜보는 모습이었습니다. 마치 하나의 축제와 같은 활기찬 풍경이 펼쳐졌습니다.

배경음악으로는 90년대의 댄스 음악이 흘러나왔습니다. 아침 8시부터 들리는 댄스 음악에 어르신들은 "아, 또 손주 손녀 같은 아이들이 페인트칠하러 왔구나"라며 지팡이를 짚고 마당으로 나왔습니다. 때때로 음악이 없으면 "오늘은 왜 음악 소리가 없노." 하며 아쉬워하기도 했습니다. 어르신들에게 음악이 좋냐고 물어보면, "그래, 신난다. 춤추고 싶다. 10년만 젊었어도."라며 웃음꽃이 피었습니다. 이처럼 음악은 마을의 분위기를 더욱 활기차게 만들어주었습니다.

사랑의 밥차는 해녀들에게 잠시 쉴 수 있는 여유를 제공했습니다. 또한, 하얀마을 추진위원회가 직접 밥을 준비할 때도 있었습니다. 짜장밥, 카레밥 등 다양한 음식을 제공했습니다. 200명에 가까운 사람들의 식사를 준비하는 일은 결코 쉬운 일이 아니었습니다. 이 모습을 지켜보던 해녀들은 "차라리 우리가 밥 짓는 게 낫겠다. 젊은 사람들이 참 어설프네" 하시며 자발적으로 식사 준비를 도와주셨습니다. 이처럼, 해녀들의 도움과 사랑의 밥차 봉사 덕분에 식사는 항상 풍성하게 제공되었습니다.

다무포하얀마을에서는 다양한 사람들이 각자의 재능을 발휘하며 함께했습니다. 해녀들의 정성 가득한 해풍국수, 사랑의 밥차의 특별한 식사, 추진위원회의 열정적 밥 봉사 등 모든 참여자가 힘을 합쳐 마을을 변화시키는 이 프로젝트는 단순한 담벼락 페인팅을 넘어서 사람들의 마음을 하나로 묶어주는 큰 힘이 되었습니다.

이렇게 다무포하얀마을은 다양한 사람들의 참여와 노력으로 사회적 가치를 담아가고 있습니다. 마을 주민들과 봉사자들 모두가 함께 만들어가는 이 이야기는 앞으로도 계속될 것입니다. 다무포하얀마을은 오늘도 사랑과 열정으로 채워져 포항의 산토리니로 거듭나고 있습니다.

페인팅 봉사자들을 위해 다무포하얀마을까지 왕래하는 사랑의 밥차입니다. 배식을 받으면서 깜짝 놀랐습니다. "누나, 언니" 밥차 봉사에 후배들이 있었습니다. 말없이 봉사 들어온 후배들이 고마운 날들이었습니다. SNS 소통나눔연구소에서도 봉사자들의 점심을 지원했습니다.

3장

풍부한 볼거리의 공간, 다무포하얀마을

Collectio Humanitatis pro Servatione VII

societas

1.

다무포고래마을과 이상한 변호사 우영우 신드롬

'포항의 산토리니, 다무포하얀마을'이라 불리는 고래마을은 담벼락 페인팅 4년 차에 접어들며 많은 변화를 거듭했습니다. 다무포하얀마을 만들기 추진위원회와 마을 주민들, 포항시민들의 지속적인 관심과 노력 덕분에 마을은 날로 아름다워지고 있습니다. 사회공헌활동에 참여하는 전국의 대학생 봉사자들은 이 아름다운 마을에 1년간 다녀가면서 고래 벽화를 남겼고, 그림을 전공한 제 딸 역시 자신의 고래 벽화를 마을에 남겼습니다. 예산도 없고 아무것도 없었기에 모두 재능기부를 했습니다.

마을을 방문하면 담벼락에 붙은 고래 도자기 벽화도 볼 수 있습니다. 2019년, 처음 담벼락 페인팅이 시작될 때, 마을은 별다른 볼거리가 없었습니다. 그래서 참가자들의 추억도 만들고 이 마을을 다시 찾을 재방문 기회를 위해 '나만의 고래'가 모여 한 마리의 대형 고래가 되는 포토존을 기획했습니다. 페인팅 참여 봉사자들은 자신들의 이름과 염원이 담긴 '나만의 고래'를 그렸습니다. 이 대형 고래 벽화는 마을의 상징이 되었고, 대형 고래 속에 수많은 작은 고래들을 발견할 수 있습니다. 이 고래들은 옛 고래마을의 명성을 되찾고자 하는 염원을 담아 만들어졌습니다.

이 기획은 큰 인기를 끌었습니다. 다무포고래마을을 방문하면 가장 먼저 대형 고래를 보게 될 것입니다. 왜 고래가 있을까 궁금해하다 보면, 예전에는 이곳이 고래 회유지로 고래가 새끼를 낳고 회유하던 마을이었다는 사실을 알게 됩니다. 잊힌 옛 지역 이야기를 함께 발견하는 재미가 있는 것이죠.

이렇게 다무포고래마을이 변화를 거듭하던 시점에, 2022년 ENA 방송의 수목드라마 〈이상한 변호사 우영우〉가 방영되었습니다. 이 드라마는 천재적인 두뇌와 자폐 스펙트럼을 지닌 변호사 우영우가 다양한 사건을 해결하는 이야기로, 고래가 중요한 상징으로 등장합니다. 우영우는 고래를 상상하며 자폐의 한계를 극복하고 지혜롭고 당당한 변호사로 변신합니다. 그녀의 눈앞에 커다란 고래가 유영하는 순간은 특별한 힘을 주는 마법 같은 시간이었습니다.

드라마가 인기를 끌면서 다무포고래마을도 새로운 관심을 받기 시작했습니다. 드라마 속 우영우에게 영감을 주는 고래와 다무포고래마을의 상징적 고래가 연계되면서, 마을은 다무포하얀마을과 동시에 다무포고래마을로 불리게 되었습니다. 드라마 속 고래가 우영우에게 영감을 주듯, 다무포고래마을의 고래는 마을 주민들과 봉사자들에게 희망과 연대의 상징이 되었습니다.

이제 다무포하얀마을 담벼락 페인팅에 참여하는 것은 포항시민들뿐만 아니라 전국에서 찾아오는 사람들에게도 특별한 경험이 되었습니다. 담벼락 페인팅을 상징하는 노란 물결의 티셔츠에는 다무포하얀마을의 시그니처 캐릭터인 고래 로고가 새겨져 있습니다. 이 고래 로고는 봉사자들에게 자부심을 안겨주었고, 다무포고래마을이란 이름은 더욱 많은 사람들의 발길을 끌고 있습니다.

다무포하얀마을 담벼락페인팅은 다무포고래마을의 옛 명성을 찾는 기회가 되었습니다. 고래 벽화, 고래 벤치, 고래 마을 입간판, 고래 이정표 등 여러분이 다무포하얀마을에 오면 온통 고래를 만나게 될 것입니다.

2.
인플루언서로 변신한 페인팅 봉사자들

 포항의 작은 어촌 마을, 다무포하얀마을에는 특별한 팬덤이 존재합니다. 이들은 단순한 봉사자들이 아니라, 다무포하얀마을이 포항의 산토리니가 되는 그날까지 페인팅 봉사자 일원으로 참여하는 것을 자랑으로 생각하며, 마을을 사랑하고, 발전을 응원하며, 마을 소식을 공유하는 든든한 후원자들입니다. 다무포하얀마을의 성공적인 담벼락 페인팅 프로젝트는 바로 이들의 헌신과 참여 덕분에 가능했습니다.

 2022년부터 다무포하얀마을 페인팅 봉사자들에게는 마을의 네이밍과 고래 로고가 찍힌 노란 단체 티셔츠가 제공되었습니다. 이 노란 티셔츠는 참여를 독려하는 중요한 역할을 했습니다. 노란 티셔츠를 입고 페인트통과 붓을 들고 줄지어 마을을 누비는 모습은 마치 다무포하얀마을의 제복처럼 큰 홍보 효과를 냈습니다. "너 가보았어? 다무포하얀마을 담벼락 페인팅에 가면 노란 티셔츠를 준데. 점심도 주고, 간식도 주고, 담벼락 페인팅하면서 사진도 찍고, 우리가 칠한 담벼락은 하얗고 우리 가보자." 이렇게 소문이 퍼졌습니다.

　노란 티셔츠를 입고 찍은 사진들은 자연스럽게 SNS에 퍼지며 다무포하얀마을을 홍보하는 데 큰 역할을 했습니다. 봉사자들, 추진위원들, 마을 어른들, 아이들, 모든 학생이 노란 물결을 이루며 페인트통과 롤러를 들고 하얗게 부서지는 푸른 바다를 바라보며 페인팅했습니다. 그 모습은 마치 동화 속 한 장면 같았습니다.

　다무포하얀마을 페인팅 봉사자들은 다양한 연령층을 아우릅니다. 아장아장 걷는 어린아이부터 할아버지, 할머니까지 가족 단위로 참여하는 모습은 그야말로 아름답습니다. 어떤 가족은 3대가 함께 참석하기도 하고, 유모차를 끌고 오는 젊은 부부도 있습니다. 남편은 4살 딸과 함께 페인팅을 하고, 부인은 유모차를 끌며 사진을 찍는 모습은 참으로 훈훈합니다. 페인팅하는 젊은 연인들도 서로의 모습을 찍어주고, 이를 인스타그램에 공유하곤 합니다.

　포항의 양덕초등학교 학생들도 매년 어머니들과 함께 참여합니다. 별칭이 '양덕맘'인 이들은 자녀들과 함께 6년째 이 프로젝트에 참여하고 있습니다. 초등학생이 중학생이 되고, 고등학생이 되어도 매년 함께합니다. 이들은

"봉사의 의미, 추억의 의미, 내가 칠한 담벼락으로 다무포하얀마을이 포항의 관광명소가 되고 전 세계에 알려지는 그 날까지 참여할 것."이라고 다짐합니다.

페인팅에 참여한 학생들은 친구끼리, 가족들은 이웃 가족들끼리, 다무포하얀마을 봉사 추진위원들도 각자 페인팅에 참가했습니다. 페인팅 봉사자들은 누구의 지시도 없이 다무포하얀마을 담벼락 페인팅에 참가한 그날이면 어김없이 페이스북, 인스타그램, 블로그 등에 자신의 페인팅 봉사 참여를 기념으로 올렸습니다. 이들은 마을 담벼락과 축대를 화사한 흰색으로 칠하며 자신들만의 특별한 경험을 SNS에 공유했습니다. 페인팅 현장에서 함께 페인팅하는 이웃과 아이스크림, 아이스커피, 생수, 수박 등의 간식을 나누며 서로를 격려하고 동참을 즐겼습니다.

저는 이 담벼락 페인팅 추진위원장으로 자연스럽게 추대되면서 어느덧 6년을 이끌고 있습니다. 가끔 다무포하얀마을 담벼락 페인팅, 또는 포항의 산토리니를 검색하다가 수많은 참여 업로드를 발견하고 깜짝 놀라곤 합니다. 아마 돈을 주면서 댓글 부대를 동원하지 않고 이렇게 많은 인플루언서를 보유하고 있는 마을도 없을 것입니다. 다무포하얀마을은 첫 해의 3천만원을 제외한 그 어떤 지원도 없이 이렇게 홍보가 이루어졌습니다. 저는 이런 현장 경험을 통해 홍보 마케팅을 어떻게 해야 할지 저절로

현실적인 마케팅의 혁신적인 방법을 얻게 되었습니다.

  가끔 인스타그램을 검색하다 보면 노란 티셔츠를 자녀에게 입히고 페인팅을 즐겁게 하는 모습을 영상으로 담아 올린 경우를 보았습니다. 음악을 삽입하고 페인팅 춤도 추게 만들며 참 재밌게 자신들의 페인팅 체험을 홍보했습니다. 우리는 비용 없이 다무포하얀마을 프로젝트를 홍보했던 것입니다.

  다무포하얀마을이 숨은 맛집 같은 아름다운 마을로 인플루언서들에게 알려지면서, 젊은 연인들, 친구들이 다녀가며 마을을 소개한 글들도 우리 마을 홍보에 큰 힘을 발휘했습니다. 동네 어르신들은 "또 왔냐.", "고맙다."며 인사를 건넸고, 해녀분들은 봉사자들을 위해 해풍 국수를 끓여주었습니다. 이렇게 5~6년이 지나면서 봉사자들은 마을의 손녀, 손자, 자식 같은 존재가 되었습니다. 다무포하얀마을을 새로운 모습으로 탈바꿈시키기 위한 이들의 노력은 이제 마을의 일상이 되었고, 그들의 노란 티셔츠는 다무포하얀마을의 상징이 되었습니다.

  이 모든 것은 다무포하얀마을을 사랑하고, 마을을 위해 헌신하는 봉사자들 덕분입니다. 그들의 열정과 노력이 모여 다무포하얀마을은 이제 포항의 새로운 명소로 자리매김했습니다. 이곳은 단순히 아름다운 곳이 아니라, 사람들의 사랑과 헌신이 만들어낸 기적의 장소입니다. 다무포하얀마을의 밝고 희망찬 미래를 응원하며, 저는 앞으로도 이 마을을 위해 최선을 다할 것입니다.

고래와 등대 로고가 새겨진 다무포하얀마을 시그니처티를 입고 인플루언스가 된 담벼락 페인팅 봉사자들입니다. 페인팅하는 모습도 식사를 기다리는 모습도 휴식하는 모습도 모두 생기가 넘칩니다.

3.
구멍가게 아이스크림 동나던 날

  다무포하얀마을의 담벼락 페인팅은 올해로 6년 차에 접어들었습니다. 그동안 참으로 많은 재미난 에피소드들이 있었습니다. 그중에서도 첫해 여름날의 기억은 유난히 선명합니다. 6월에 시작된 담벼락 페인팅은 8월 말까지 매주 토요일과 일요일, 그리고 필요에 따라 수요일에도 진행되었습니다. 지금 다시 이렇게 진행하라면 엄두도 못 낼 것 같습니다. 6년 전의 저는 참 에너지 넘쳤나 봅니다. 뙤약볕 아래에서 진행된 페인팅은 오전 10시부터 시작되었고, 1시간 정도 진행하면 온몸이 땀범벅이 되곤 했습니다.

  그래서 봉사자를 위한 대형 마트에 있는 아이스크림 박스를 설치했습니다. 봉사자들 중에는 어린아이들부터 가족, 청소년, 대학생들까지 다양한 사람들이 있었기에 아이스크림은 그야말로 반가운 간식이었습니다. 첫날, 페인팅 봉사자 400명이 참가하여 준비한 아이스크림

600개가 순식간에 동이 났습니다. 이후에도 매번 아이스크림은 빠르게 소진되곤 했습니다.

어느 7월의 무더운 날, 페인팅을 마치고 뒷정리를 하며 저와 추진위원들은 준비한 아이스크림이 모두 소진된 것을 확인했습니다. 갈증과 더위에 지친 우리는 다무포고래마을에 있는 홀로 사시는 할아버지의 구멍가게로 향했습니다. 가게에서 산 아이스크림은 형체가 다소 모호했습니다. 그 모습을 지켜보던 고위원장님이 웃으며 말했습니다.

"이 가게 아이스크림은 1년이 지났는지 2년이 지났는지 아무도 몰라. 할아버지가 전기세 아낀다고 아침에 전기 코드를 꽂고 저녁이 되면 뺀다네. 그래서 아이스크림이 녹았다 얼었다 반복하지."

우리는 모두 비명을 지르며 배탈이 나지 않기를 바랐습니다. 그해 여름은 유난히 더웠고, 주말마다 봉사에 참여하는 가족 봉사자들은 눈 깜짝할 사이에 구멍가게 아이스크림 박스를 텅 비우곤 했습니다. 이후, 할아버지 가게의 아이스크림은 점점 신선해졌습니다. 그렇게 다무포하얀마을의 구멍가게도 함께 변화했습니다.

담벼락 페인팅과 함께한 시간들은 다무포하얀마을과 우리 모두에게 소중한 추억이 되었습니다.

2019년 페인팅 이모저모와 2024 현재 다무포하얀마을 풍경입니다. 이 분들의 활동으로 다무포고래마을은 포항의 산토리니 다무포하얀마을로 거듭났습니다.

2019년 담벼락 페인팅 전과 후의 사진입니다. 후 사진은 해 질 무렵 사진입니다.
현재는 유휴공간 고래다목적홀도 페인팅되어 더욱 깨끗해졌습니다.

4.
라면으로 맺어진 미해병대와의 인연

　다무포하얀마을의 또 다른 에피소드는 미해병대의 참여에서 시작되었습니다. 처음 미해병대가 참여한 날, 대학생 등 일부 봉사자들이 자원봉사센터에 신청하지 않고 현장에 바로 참석해 예상 인원을 넘는 200명이 모였습니다. 추진위원 봉사자와 마을 주민까지 합치니 식사가 부족해졌습니다.

　그날, 맨 마지막까지 축양장 한 곳을 페인팅하고 돌아온 해병대원들에게 나눠 줄 식사가 부족해 급히 라면을 공수하여 고두환 위원장님 댁의 대형 가마솥에 끓였습니다. 미해병대는 라면을 무척 고마워하며 즐겁게 먹었습니다. 30여 명의 해병은 무려 70개의 라면을 먹었고 지켜보던 사람들은 이 광경을 흥미롭게 바라보았습니다. 예상치 못한 이 사건은 큰 화제가 되었습니다.

　그 후 미해병대의 포항 생활을 관리하며 통역을 책임지고 계신 하경자 민사관님이 "미해병들이 매주 페인팅에 참여해도 되겠냐?"며 문의해 왔습니다. 이날 제공한 노란 티셔츠를 입고 매일 아침 조깅하고 축구를 하며 논다고 했습니다. 휴식의 날에도 쉬지 않고 담벼락 페인팅에 참여하고 라면을 먹고 싶어 한다고 했습니다. 이때부터 담벼락 페인팅은 모든 봉사자가 직접 라면을 끓여 먹는 재미가 더해졌습니다.

올해 3월에도 230명의 미해병대가 다녀갔습니다. 그들은 고향으로 돌아가기 전 '다무포하얀마을 담벼락 페인팅' 참여 수여증을 받길 원하였으며, 모든 해병대원에게 이를 제공했습니다. 이제 다무포하얀마을은 해외에서도 알려지며 진정 포항의 산토리니로 자리매김할 징조를 보이고 있습니다.

다무포하얀마을의 담벼락 페인팅에 참여하면 당일 다른 봉사자들과 함께 직접 라면을 끓여 먹는 재미를 경험할 수 있습니다. 이 작은 변화는 봉사활동을 더욱 특별하고 즐겁게 만들어줍니다. 최근 해외에서 라면, 특히 신라면이 인기를 끄는 이유가 다무포하얀마을에서의 맛있는 경험이 전해진 덕분일지도 모릅니다.

다무포하얀마을의 변화와 성장은 우리 모두의 노력과 헌신 덕분입니다. 이제 이 마을은 진정한 포항의 산토리니로, 전국의 벤치마킹 대상이 되어 더 많은 사람들에게 사랑받고 있습니다. 다무포하얀마을의 기적은 계속될 것입니다.

포스코 강재연구소 박사님들이 미해병대와 동행 페인팅 하셨네요. 포스코 강재연구소 에서도 매년 페인팅에 참여합니다.

누구집일까요. 하얀마을 이장님댁입니다. 천하무적 미해병이라서 그럴까요. 몇 시간만에 뚝 딱 새집을 만들었습니다.

페인팅이 끝나면 꼭 고래 벽화 앞에서 기념사진 찍는 것을 좋아합니다.

한국해병과 미해병이 일심동체입니다. 글로벌 담벼락 페인팅, 포항의 산토리니되는 날이 눈앞입니다.

"라면만 주세요. 매 번 담벼락페인팅 올께요."

라면먹기도 열심히, 담벼락 페인팅도 즐겁게 합니다.

5.
오랜 추억을 남길 해녀 체험의 매력

저는 다무포하얀마을을 처음 방문했을 때, 바다를 따라 늘어선 마을 전경에 감탄했습니다. 그리고 이곳에서 발견한 또 하나의 놀라운 사실은 바로 해녀들이었습니다. 제주도에만 있을 줄 알았던 해녀들이 이곳 다무포에서 자맥질하고 있는 모습은 신기하고도 놀라웠습니다.

다무포의 해녀들은 산소통도 없이 물속으로 들어가 3~4시간을 바다에서 나잠 활동을 합니다. 그들은 자신들의 몸무게보다 더 무겁게 뿔소라, 전복, 성게, 문어, 미역 등을 채취해 돌아옵니다. 다무포하얀마을에서 수확되는 해산물은 모두 자연산으로, 그 맛은 달콤하고 싱싱합니다. 이 마을에서 나는 돌미역은 특히 귀합니다. 고래가 해산 후에 먹는 미역이라 해서 '고래미역'이라 불립니다.

아무것도 없던 다무포하얀마을이 이제는 수많은 관광객이 찾아오는 희망을 품고 있습니다. 저는 다무포하얀마을의 고래와 해녀, 전복과 미역을 주제로 다양한 상품을 개발하기로 했습니다. 다무포하얀마을의 돌미역은 '고래 미역', 전복은 '고래 전복'이라는 이름을 붙였습니다. 또한, 다무포하얀마을 만들기 봉사추진위원들 중에는 저를 비롯하여 핸드메이드 및 공예작가들도 있습니다. 하얀마을의 공예가들은 고래와 해녀를 모티브로 한 다양한 굿즈를 만들었습니다.

그중 가장 재미있는 체험 상품은 바로 해녀 체험입니다. 오늘날 해녀들이 입는 까만 슈트가 아닌, 전통 해녀복, 즉 하얀 저고리와 까만 바지로 만든 개량 해녀복을 입고 마을을 돌아다니며 물속에서 고동을 줍고 인증샷도 찍는 체험입니다. 이미 전국의 인플루언서들과 학교에서 많은 이들이 다녀갔습니다. 할머니, 손자, 아빠, 엄마, 아이들 모두가 해녀 체험을 즐길 수 있습니다.

지난 7월 18일에는 최근 대중의 인기를 얻고 있는 MBN 〈한·일 톱텐쇼〉에 출연한 한·일 가왕(포항 출신 전유진 외 한일 트로트 가수들)이 다무포하얀마을을 방문해 해녀 체험을 했습니다. 촬영 스태프만 50여 명이 넘고, 촬영용 검은 봉고차가 20여 대 줄지어 나타나 다무포하얀마을 앞바다에서 해녀 체험을 촬영했습니다. 사람 그림자도 찾기 어렵다던 마을이 이제 방송 촬영지로 변했습니다.

그리고 또 하나의 특별한 체험이 있습니다. 바로 '해녀 라면'입니다. 해녀 체험을 한 사람만 즐길 수 있는 이 라면은 단순한 라면이 아닙니다. 물속에서 직접 잡아 온 전복이나 뿔소라, 고동 등을 넣고 끓이는 라면으로, 그 맛은 일품입니다. "오늘 내가 해녀라면, 해녀라면 어때?"라는 컨셉으로, 물속에서 놀다가 출출해진 참가자들이 직접 잡은 해산물을 넣고 라면을 끓여 먹는 체험은 특별한 재미를 선사합니다.

이제 다무포하얀마을은 단순히 아름다운 마을을 넘어, 독특한 체험과 맛있는 음식을 즐길 수 있는 곳으로 변모했습니다. 여러분도 다무포하얀마을을 방문하여 해녀 체험도 하고, 직접 잡은 해산물로 끓인 '해녀라면'도 맛보세요. 이곳에서의 경험은 여러분의 마음에 오래도록 남을 것입니다.

해녀복을 입으니 모두 선남선녀군요.

MBN <생생 정보마당>에 출연했어요. 다무 할머니와 손자의 해녀 나들이
포하얀마을 해녀 강사님, 생생 정보마당 게스트 체험객 가나댁, 다무포하얀마을 홍보단장

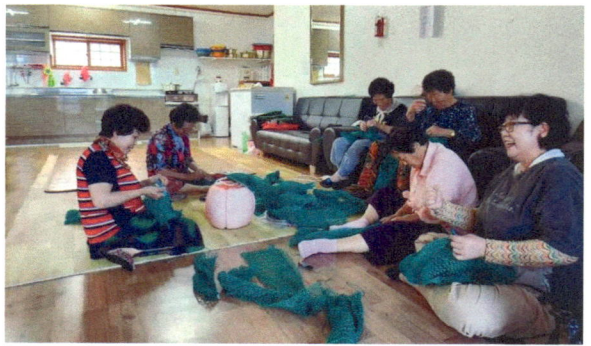

마을 방문객을 위한 해녀체험을 위해 해녀복과 태왁을 직접 만들어 주시는 해녀들

해녀복을 입고 있는 한쌍의 남녀가 참 예쁘지요. 한 번 해 보실래요

1.
함께 만들어가는 희망의 이야기

 다무포하얀마을에서는 담벼락 페인팅이 있는 날이면 마을 주민부터 가족, 친구, 연인, 회사 동료들까지 모두가 모입니다. 한 손에는 페인트 통을, 다른 한 손에는 붓이나 롤러를 들고 마을 구석구석을 누비며 하얀 페인트로 벽을 덮어 나갑니다. 페인팅 작업이 힘들 것이라 생각되지만, 참여자들의 얼굴에는 한결같이 웃음이 가득합니다. 이렇게 6년 동안 이어진 담벼락 페인팅은 봉사활동이지만 마치 축제와 같습니다.

 담벼락 페인팅의 마지막 날, 참여자들은 올 한 해의 수고를 기리며 작은 음악회와 음식을 나눕니다. 음악회와 음식 나눔은 대부분 찬조로 이루어졌습니다. 그 따뜻한 마음이 모여 더욱 특별한 순간을 만들어냅니다. 다무포하얀마을에는 해녀도 있고, 고래다을이라는 이름에 걸맞게 마을 어르신들은 고래를 보며 뛰놀았던 추억을 간직했습니다. 그래서 저는 이 소소한 축제를 '해녀랑 고래랑 담벼락 페인팅 축제'라고 부릅니다. 언젠가 이 축제가 정착되고 마을이 발전하면서 포항을 대표하는 축제가 되리라 믿습니다.

매년 페인팅 봉사가 진행되는 동안, 마을 곳곳에서는 웃음과 감탄이 끊이지 않습니다. 벽 하나하나가 하얀 페인트로 덮일 때마다, 마을은 조금씩 생기를 되찾아갑니다. 이 광경은 정말 벅찬 감동을 줍니다. 저는 "이것이 바로 우리가 꿈꿔왔던 변화야."라고 스스로에게 말하며, 더 많은 사람들에게 이 프로젝트를 알리기로 결심합니다.

2019년에 시작된 다무포하얀마을 담벼락 페인팅 프로젝트는 2024년까지 이어져오고 있습니다. 이제 이 프로젝트는 단순한 봉사를 넘어 이색적인 체험이자 축제로 자리매김했습니다. 매년 봉사 마지막 날에는 오전에 담벼락 페인팅을 마치고, 점심 후에는 음악회, 해녀체험, 해녀라면 시식, 그리고 어반스케치 작가들과 함께하는 마을 그리기 행사가 열립니다. 이때 500여 명의 봉사자들이 참석하며, 다무포하얀마을 고래와 등대가 디자인된 노란 티셔츠를 입습니다.

이 축제는 포항시뿐만 아니라 경북 인근과 대구, 부산 등지에서도 참여합니다. 대부분은 페이스북이나 지인을 통해 소식을 듣고 참여하며, 멀리 밀양에 사는 제 친구도 이웃 주민들과 함께 참석했습니다. 이제 다무포하얀마을 담벼락 페인팅은 소멸 위기의 마을을 살리는 봉사를 넘어 하나의 의미 있는 축제가 되었습니다. 저는 이 행사를 '담벼락 페인팅 봉사 축제'라고 부릅니다.

비록 지금은 규모가 작습니다. 행정의 뒷받침과 관심만 있다면 이 축제는 독일의 맥주 축제나 보령시의 머드 축제처럼 흥미로운 축제로 성장할 수 있을 것입니다.

매년 담벼락 페인팅이 마무리되는 마지막 날이나 특별한 경사가 있을 때는 꼭 담벼락 페인팅을 먼저 한 후에 서로를 격려하는 크고 작은 축제를 합니다. 마을 주민과 페인팅 봉사자들이 하나 되어 음식도 나누고 음악공연도 하고 그림도 그리고, 해녀체험 등 다양한 행사들이 진행이 됩니다. 음악공연은 때론 MBC 방송국 후원으로 그리고 다무포하얀마을 '해달못' 밴드가 맡아서 재능기부로 진행됩니다.

2.
칙칙한 담벼락을 새하얗게 만든 학생들의 순수함

 다무포하얀마을의 담벼락 페인팅 프로젝트는 누구에게나 열려 있습니다. 포항 시민이든 대한민국 국민이든, 이 마을을 사랑하는 사람이라면 누구나 참여할 수 있습니다. 이곳에서는 나이 제한이 없습니다. 붓을 들 수 있다면 4살 꼬마도 환영합니다. 그래서 다무포하얀마을의 담벼락 페인팅에는 남녀노소가 구별 없이 함께합니다.

 대부분의 사람들에게 담벼락에 페인트를 칠할 기회는 흔치 않습니다. 건축 관련 업종에 종사하거나 예술가가 아니면 담벼락에 페인트를 칠할 일이 거의 없지요. 게다가 담벼락 페인팅은 번거로운 작업입니다. 옷이나 신발, 심지어 머리카락까지 페인트가 묻을 수 있고, 그것을 씻어내는 일도 귀찮다고 생각할 수 있습니다. 그러나 한 번 생각을 바꿔 보세요. 칙칙한 담벼락이 내 붓질 한 번에 하얗게 변한다면 그보다 신나고 재미있는 일이 어디 있을까요?

이런 이유로 다무포하얀마을의 담벼락 페인팅은 특히 초중고 학생들과 대학생들에게 큰 인기를 끌고 있습니다. 입소문을 타고, 이제는 포항 시내의 초등학교 학부모회에서 아이들과 함께 참여하고 싶다는 신청이 들어오고 있습니다. 초등학교와 중학교의 사회복지사 선생님들이 연합하여 단체로 담벼락 페인팅을 신청하는 경우도 많습니다. 이렇게 해서 한 번에 200~300명의 학생들이 참여하면, 마을 담벼락은 순식간에 하얗게 변합니다.

어느 날, 이런 장면을 본 어촌 계장님은 웃으며 말씀하셨습니다. "아이들이라고 무시할 것이 못되네. 인해전술이네. 순식간에 담벼락이 하얗게 변하네." 그 말에 모두가 웃음을 터뜨렸습니다.

저는 이 맑은 눈을 가진 아이들이 오늘의 담벼락 페인팅을 추억으로 간직하며, 언젠가 귀향하는 고래처럼 이 마을을 다시 찾아오는 귀한 방문객이 될 것이라고 믿습니다. 다무포하얀마을에서의 이 특별한 경험은 그들에게 오래도록 기억될 소중한 추억이 될 것입니다.

학생들이 하얀 페인트를 칠하는 모습을 보고 있노라면, 그들의 순수한 열정이 느껴집니다. 그 열정은 담벼락에 스며들어 마을을 더욱 환하게 만듭니다. 이 아이들이 자라서도 이 마을을 기억하고, 다시 찾아와 새로운 추억을 만들기를 바랍니다. 다무포하얀마을은 그렇게 많은 사람들의 기억 속에 따뜻한 공간으로 남을 것입니다.

3.
땀 흘린 모두가 고래마을의 명예 주민

2019년부터 시작된 다무포하얀마을 담벼락 페인팅 프로젝트는 6년 동안 꾸준히 이어져 왔습니다. 이 프로젝트가 지속적으로 성공할 수 있었던 이유는 다름 아닌 저와 함께하는 다무포하얀마을 만들기 봉사 추진위원들 덕분입니다. 추진위원회의 구성원들은 자발적으로 참여하여 매해 프로젝트의 시작부터 마감까지 책임을 지고 관리합니다.

하얀마을 추진위원들이 맡은 일은 매우 다양합니다. 페인팅 진행 당일에 필요한 페인트 체크, 식사와 간식 준비, 생수 및 잡자재 챙기기 등 사전에 점검해야 할 일이 한두 가지가 아닙니다. 행사 당일에는 봉사자들보다 2, 3시간 일찍 마을에 도착해 페인트 통을 깔고 페인트를 섞는 일부터 시작합니다. 또한, 접수 준비와 부족한 물품에 대한 후원 요청, 활동 홍보 등도 추진위원들의 몫입니다. 페인팅 작업이 끝나면 역시 2, 3시간간에 걸쳐 뒷마무리도 책임집니다.

하루에 100~300명씩 참가하는 봉사자들의 물품부터 먹거리까지 챙기고 정리하는 것은 결코 쉬운 일이 아닙니다. 그런데도 추진위원들의 얼굴에는 항상 밝은 미소가 떠나지 않습니다. 이들은 6년 동안 매년, 매주마다 이 일을 지속해왔습니다. 행사 당일이 되면 마을 이장님과 어촌 계장님도 바쁘게 움직이며 필요한 물품을 찾아주고 방송도 합니다. 그 외의 모든 일은 추진위원들이 알아서 해결합니다. 3년 차에 접어들면서 마을 주민들도 봉사단들도 한 마을 주민처럼 서로에게 익숙해졌습니다.

그래서 우리 추진위원들은 명예 주민이 되기로 했습니다. 하얀마을 만들기 추진위원장인 저는 마을 이장, 사무국장은 개발자문위원, 내무 국장은 부녀회장, 그 외에도 해녀회장, 청년회장, 노인회장 등 다양한 역할을 실제 다무포고래마을 주민들과 함께 나누면서 마을의 고령화를 극복하고, 젊은 활력을 불어넣기로 했습니다.

우리 다무포하얀마을 추진위원회의 노력은 단순한 봉사활동을 넘어, 마을을 함께 만들어가는 과정이 되었습니다. 우리는 마을 주민들과 함께하며, 서로의 삶에 녹아들어갔습니다. 이제 우리는 명예 주민으로서 다무포고래마을의 일원으로, 다무포하얀마을의 미래를 위해 함께 나아가고 있습니다. 다무포고래마을의 변화는 추진위원들과 봉사자들, 그리고 마을 주민들 모두가 함께 만든 기적입니다.

우리가 손수 칠한 하얀 담벼락은 단순한 벽이 아니라, 우리 모두의 땀과 열정, 그리고 사랑이 깃든 작품입니다. 이곳에서 우리는 함께 웃고, 함께 땀 흘리며, 진정한 공동체의 의미를 찾았습니다. 다무포하얀마을은 이제 우리 모두의 두 번째 고향이 되었습니다.

지난 6년처럼 다가올 6년, 그리고 그 이상의 시간 동안, 우리는 계속해서 이 마을을 아름답게 가꾸어 나갈 것입니다. 우리의 노력이 만들어낸 이 작은 마을이 언젠가 포항의 산토리니처럼 세계적인 명소가 되기를 꿈꾸며, 우리는 오늘도 열심히 페인트 붓을 듭니다.

다무포하얀마을 추진위원들은 담벼락페인팅 봉사활동이 잘 진행될 수 있도록 봉사하는 최고의 헌신자들입니다.

포항의 산토리니, 다무포하얀마을 담벼락 페인팅의 본 모습을 제대로 보여주는 포스코강재연구소 박사님입니다. 매주 홀로 들어와서 페인트 나눔 관리를 솔선하셨지요.

포항sns 소통나눔연구소 회원분들입니다. 다무포하얀마을 홍보위원들입니다.

추진위원장인 저와 2대 사무국장님과 그리고 봉사 청년 김대민입니다. 또 한 장의 사진 속 주인공은 정진화 사무차장님이네요. 모두 페인팅 시무국을 맡아서 매번 남들보다 빠르게 마을에 들어와서 페인트 섞기, 배분, 뒷정리를 도맡아 합니다.

페인트 사무국 봉사청년과 함께 서있는 이 분은 누굴까요. 김미연 홍보단장입니다. SNS를 종횡무진하면서 다무포하얀마을 소개에 진심인 분입니다.

4.
벤치마킹의 중심지로 거듭난 고래마을의 기적

　포항의 산토리니, 다무포하얀마을은 이제 전국적으로 이름을 알리고 있습니다. 처음에는 포항시 마을역량강화사업의 일환으로 시작된 도시재생 프로젝트였습니다. 일회성으로 끝나지 않고 6년째 지속되면서 그 이름이 전국에 알려지게 된 것이죠. 이제 다무포하얀마을은 전국의 아름다운 마을 순위에 오르며, 도시재생 마을 가꾸기 성공 사례로 벤치마킹 대상이 되었습니다.

　전국 각지에서 이 마을을 방문하고 있습니다. 제주도 봉개동의 통장님들, 봉화군의 눌산리를 비롯한 몇 개 마을, 청주시, 군위군, 광주광역시 남구청에서도 다녀갔습니다. 심지어 대한민국시도지사협의회의 각 지역 실무 담당자들도 방문하여 다무포하얀마을의 맑고 깨끗함에 감탄했습니다.

　그러나 이 마을은 한때 낡고 노후화된 집들과 마을 담벼락들만 있는 곳이었습니다. 공중화장실조차 없고, 고령화된 주민들만 남아 있던 다무포고래마을은 모두의 관심에서 멀어져 있었습니다. 편의 시설이 없어 한 번 떠난 자식들조차 찾지 않는 오지 마을이었고, 옛 고래의 이야기도 사라져 가던 곳이었습니다.

이제는 멀리 제주도, 전라도, 경상북도 함평, 울진 등 전국 각지에서 다무포하얀마을의 아름다움을 보고, 6년간 진행된 프로젝트 사례를 배우기 위해 찾아오는 마을이 되었습니다. 포항의 산토리니, 다무포하얀마을 만들기 프로젝트는 지난 6년간 많은 사람의 노력과 헌신으로 성공을 거두었습니다. 이로 인해 다무포하얀마을은 "고래마을"이라는 이름을 되찾았고, 귀신고래와 밍크고래가 춤추는 마을로, 늙은 소년들의 꿈이 영글어가는 마을로 변모했습니다.

저는 선진 견학을 온 주민들과 통장님들에게 이렇게 말합니다. "정부나 행정기관의 지원만 바라보지 말고, 그 지원을 마중물 삼아 주민이 화합하며 마을을 가꿔야 합니다. 그래야 자신들의 마을을 오래도록 모두의 기억 속에 남길 수 있습니다. 소멸 위기를 스스로 극복하려는 노력이 있어야 마을과 함께 영원히 살 수 있으며, 자식들도 찾아오는 마을이 될 것입니다."

웃으면서 덧붙입니다. "다무포고래마을은 잊혀지던 마을에서 이제는 벤치마킹당하는 아름다운 마을이 되었습니다." 선진 견학 오는 마을의 공통점은 모두 고령의 주민들이라는 것입니다. 평균 나이 70세가 넘습니다. 그럼에도 불구하고 포기하지 않습니다. 다무포하얀마을처럼 우리 마을도 예쁘게 가꾸겠다고 말합니다. 그분들은 이미 자신들의 마을을 잘 지키고자 하는 강한 의지를 갖고 있습니다.

한편으로는 우리나라 전역이 위험합니다. 2045년경 대한민국 농어촌의 80%가 소멸할 것이라는 연구 통계가 있습니다. 이 심각성을 국민 모두가 체감해야 합니다. 그리고 모두 함께 노력해야 합니다. 다무포하얀마을이 정말 벤치마킹할 수 있는 마을이 되도록 진정성을 다해야 한다고 생각합니다.

다무포하얀마을의 변화와 성장은 우리 모두의 노력과 헌신 덕분입니다. 이제 이 마을은 진정한 포항의 산토리니로, 전국의 벤치마킹 대상이 되어 더 많은 사람들에게 사랑받고 있습니다. 다무포하얀마을의 기적은 계속될 것입니다.

2023.08.25. 제주시 봉개동

2024.06.03. 봉화군 눌산2리

2023.10.25. 울진군 나곡리

2024. 05. 25 대한민국시도지사협의회

5.
포항의 산토리니가 그리는 찬란한 미래

포항의 산토리니, 다무포하얀마을은 그 이름처럼 점차 빛을 발하고 있습니다. 처음에는 포항시 마을역량강화 사업의 일환으로 시작된 도시재생 프로젝트였습니다. 2019년부터 2023년까지 매년 쉼 없이 진행된 담벼락 페인팅 프로젝트 덕분에 다무포하얀마을은 전국적으로 알려지게 되었습니다. 어둡고 칙칙했던 담벼락들이 매년 흰색 페인트로 새로워지면서 마을은 마치 맑고 푸른 바다와 어울리는 산토리니처럼 아름답게 변모했습니다.

고령의 주민들만 남아 있던 이 마을에는 이제 연간 2,000여 명의 페인팅 봉사자가 다녀가며, 이들의 팬덤이 수시로 방문하면서 활기가 넘치고 있습니다. MZ세대 인플루언서들도 자주 찾는 곳이 되었고, 전국 각지에서 선진지 견학을 오는 마을로 자리 잡았습니다. MBC, KBS, SBS, TBC, MBN, EBS, CBS, 채널 A, 교통방송 등 여러 방송 매체들도 이곳을 다녀갔고, '박원숙의 함께 삽시다',

'고두심이 좋아서' 등의 촬영으로 유명인들도 방문했습니다. 이제 다양한 계층의 사람들이 이 마을을 사랑하고 찾고 있습니다.

가장 큰 변화는 마을 주민들의 생각입니다. 담벼락 페인팅을 통해 매년 수천 명의 사람들이 다녀가고, 방송 촬영과 인플루언서들의 방문이 이어지면서 외지인에 대한 경계가 사라졌습니다. 오히려 외지인을 반기며, 아름다운 마을에 사는 자부심을 가지게 되었습니다. 주민들은 집 앞을 꽃밭으로 가꾸는 여유도 생겼고, 서로의 언짢은 감정도 마을 행사를 위해 잠시 접어두는 여유도 생겼습니다. 저 역시 6년간 꾸준히 마을을 드나들면서 어느새 마을의 해결사이자 원주민처럼 되어가고 있습니다.

그러나 안타까운 점도 많았습니다. 방송과 SNS로 알려지면서 방문객들은 늘어갔습니다. 마을에는 공용화장실이나 편의시설, 음식점이 부족했습니다. 특히 낡고 노후된 지붕은 비가 새고 보기에 흉한 모습이었습니다. 다행히 최근 카페와 풀빌라, 글램핑장이 생겨나면서 마을은 점점 밝아지고 있습니다. 마을 주민들의 소망은 이 지붕이 하얀 담벼락에 어울리도록 예쁘게 디자인되는 것입니다.

지난 5년 동안 마을 이장님, 위원장님 등과 함께 여러 차례 크고 작은 마을 만들기 공모사업에 도전했습니다.

결국 올해 1월 9일, 해양수산부의 2024년 어촌신활력증진사업 유형2 생활플랫폼 조성사업에 선정되었습니다. 이 사업은 어촌지역 생활권의 노후와 소멸 위기를 극복하는 데 중점을 둔 사업입니다. 행정 기관의 관심과 지원의 손길이 닿기까지 지속적으로 자발적으로 노력한 결과입니다.

담벼락 페인팅은 비전문가인 포항시민들의 참여로 가능했습니다. 낡은 지붕은 전문가의 도움 없이 진행될 수 없었습니다. 다무포하얀마을은 파란색 지붕으로 통일된 디자인을 가미해야 진정한 포항의 산토리니, 다무포하얀마을 관광마을로 거듭날 수 있습니다. 또한 많은 방문객이 찾아오는 아름다운 마을에 걸맞는 마을 정비와 공용화장실 등의 서비스 건물도 필요합니다.

2022년에는 소규모 마을 만들기 사업으로 방치된 유휴공간을 주민과 방문객들의 쉼터로 바꾸고 어르신들을 위한 공유주방도 만드는 계획을 세웠지만, 선정되지 못하는 아쉬움도 있었습니다. 결국 2023년에 해양수산부의 2024년 어촌신활력증진사업에 도전하여 1월 9일 최종 선정되었습니다.

2024년부터 2027년까지 4년간 진행될 이 사업을 통해 다무포하얀마을은 주민들과 방문객 모두가 만족할 수 있는 기본계획을 수립해, 사람이 살고 싶고, 오고 싶고, 머

물고 싶은 마을로 발전시킬 것입니다. 공용화장실도 만들어지고, 마을 정비가 이루어지며, 음식점도 생길 것입니다. 그동안 방치되었던 유휴공간은 2027년까지 방문객들이 휴식을 취할 수 있는 오션뷰 워케이션 힐링 공간으로 탈바꿈할 것입니다.

  이 프로젝트를 계기로 다무포하얀마을은 포항의 산토리니 관광명소로 변모할 것입니다. 물론 다무포하얀마을 담벼락 페인팅 프로젝트도 앞으로 계속 이어질 것입니다.

나가면서

  포항의 작은 어촌 마을, 다무포고래마을은 2019년 어느 날 기적을 맞이했습니다. 오래된 벽돌 담벼락에 흰색 페인트가 칠해지는 순간, 마을은 그 어느 때보다 밝아졌습니다. 이 변화를 만들어낸 것은 다름 아닌 협력과 따뜻한 마음이었습니다.

  처음엔 단순히 낡은 담벼락을 새롭게 하자는 목표로 시작된 벽화 페인팅 프로젝트였습니다. 그러나 이 과정에서 마을 주민들과 봉사자들의 진정성과 헌신이 깃들며, 프로젝트는 그 이상의 의미를 지니게 되었습니다. 페인트가 부족할 때 ㈜노루페인트의 100말 후원이 큰 힘이 되었습니다. 그로 인해 더 많은 후원과 봉사가 이어졌고, 그 해 1,800여 명의 봉사자들이 모여들었습니다.

  학생들, 가족들, 단체들이 함께 모여 마을의 담벼락을 하얗게 칠했습니다. 그들의 노력과 땀은 마을의 낡은 벽돌을 하얀 캔버스로 바꾸며, 마을을 환하게 만들었습니다. 이 과정에서 특히 인상 깊었던 것은 해녀들의 '해풍국수'였습니다. 멸치로 우려낸 시원한 육수에 신선한 해산물을 곁들인 해풍국수는 봉사자들에게 큰 힘이 되었습니다. 국수를 준비하며 어머니들은 자신의 자식을 돌보듯 봉사자들을 챙겼고, 이 국수는 사람들 사이에 따뜻한 유대를 형성했습니다.

이 모든 노력과 사랑 덕분에 다무포고래마을은 '포항의 산토리니, 다무포하얀마을'로 거듭났습니다. 마을 주민들은 변화된 마을을 자랑스럽게 여기고, 봉사자들은 자신이 이룬 변화를 보며 보람을 느꼈습니다. 매주 주말마다 모여드는 사람들 덕분에 마을은 끊임없이 발전했습니다.

다무포고래마을의 담벼락 페인팅 프로젝트는 단순히 마을 미관을 개선하는 것을 넘어, 사람들 간의 연결고리를 만들어냈습니다. 협력과 사랑이 만든 기적이었으며, 이는 여전히 진행 중입니다. 담벼락 페인팅은 이제 하나의 전통이 되었고, 매년 페인팅 봉사가 끝나는 마지막 날에는 작은 축제가 열립니다. 마을 주민들과 봉사자들이 함께 음악을 즐기고, 음식을 나누며, 그동안의 수고를 기리는 이 순간은 정말 특별합니다.

다무포고래마을의 변화는 쉽지 않았습니다. 낡고 노후된 마을에는 공용화장실조차 없었고, 편의 시설이 부족해 많은 불편을 겪었습니다. 그러나 마을 주민들과 추진위원들의 꾸준한 노력은 결국 결실을 거두었습니다. 해양수산부의 2024어촌신활력증진사업에 선정되면서 마을은 새롭게 단장될 예정입니다.

    포항의 산토리니는 이제 다무포하얀마을만의 특별한 풍경을 선사합니다. 맑고 청정한 바다와 하늘과 더불어 사람들의 따뜻한 마음이 어우러진 이곳은 방문하는 모든 이에게 아름다움과 감동을 전해줍니다. 마을의 어르신들과 해녀분들, 그리고 봉사자들 모두가 함께 만들어낸 이 아름다운 공간은 지속적으로 사람들의 발길을 끌어당깁니다.

    저 역시 다무포하얀마을을 떠올릴 때마다, 이곳을 통해 얻은 소중한 경험과 교훈을 가슴에 새깁니다. 작은 손길이 모여 큰 변화를 일으킬 수 있다는 믿음, 그리고 사람들과 함께하는 기쁨은 저에게 큰 힘이 되었습니다. 앞으로도 이 마을이 가진 아름다움과 사람들의 이야기가 오래도록 이어지기를 바랍니다.

Collectio Humanitatis pro Sanatione Ⅶ

다무포하얀마을 고래의 꿈

초 판 1쇄 2024년 09월 25일

지은이 이나나
펴낸이 류종렬

펴낸곳 미다스북스
본부장 임종익
편집장 이다경, 김가영
디자인 임인영, 윤가희
책임진행 김요섭, 이예나, 안채원
표지 일러스트 신노을 〈꼬마해녀-해몽〉, 〈해몽친구-무무〉
저자 일러스트 신노을
책임편집 배규리, 김남희, 류재민, 이지수, 최금자

등록 2001년 3월 21일 제2001-000040호
주소 서울시 마포구 양화로 133 서교타워 711호
전화 02) 322-7802~3
팩스 02) 6007-1845
블로그 http://blog.naver.com/midasbooks
전자주소 midasbooks@hanmail.net
페이스북 https://www.facebook.com/midasbooks425
인스타그램 https://www.instagram.com/midasbooks

© 치유인문컬렉션 기획위원회, 미다스북스 2024, *Printed in Korea.*

ISBN 979-11-6910-807-2 03100

값 **17,000원**

※ 이 컬렉션의 발간을 위해 도움 주신 (주)오픈헬스케어에 감사를 드립니다.
※ 이 책에 실린 모든 콘텐츠는 미다스북스가 저작권자와의 계약에 따라 발행한 것이므로 인용하시거나 참고하실 경우 반드시 본사의 허락을 받으셔야 합니다.

미다스북스는 다음세대에게 필요한 지혜와 교양을 생각합니다.